Die Moschee

StD Gerhard Müller
In Filmersbach 2
7637 Ettenheim
Tel. (07822) 37 85

Für Nedim und Turgut

Studiopaperback

Ulya Vogt-Göknil

Die Moschee

Grundformen sakraler Baukunst

Verlag für Architektur Artemis Zürich

Durch einen Forschungsbeitrag des Schweizerischen Nationalfonds
wurde es mir möglich, die für das Zustandekommen der vorliegenden
Arbeit notwendigen Reisen zu unternehmen und die Pläne und
Skizzen meinen Vorstellungen entsprechend umzeichnen zu lassen.
In ebenso grosszügiger Weise unterstützte der Schweizerische
Nationalfonds den Ankauf des Photomaterials. Dem Schweizerischen
Nationalfonds sei an dieser Stelle mein herzlichster Dank ausge-
sprochen. Mein besonderer Dank gilt Alfred Hersberger, Arch.-ETH,
für die Zeichnungen.

Ulya Vogt-Göknil

Grafische Gestaltung: Rolf Parietti, Artemis
Lektorat: Fritz Hofer, Artemis
Photolithos: Max Giezendanner, Watt-Regensdorf
Druck: Rolf Loele, Thalwil
Einband: H. + J. Schumacher, Schmitten

Printed in Switzerland
ISBN 3 7608 8108 4

Inhaltsverzeichnis

Die osmanische Kuppelmoschee

Anhang

Vorwort

Die vorliegende Arbeit setzt sich zum Ziel, die Raumstrukturen der islamischen Moschee zu untersuchen.

Im gesamten gesehen hat der islamische Sakralraum in drei verschiedenen Gestalten seine Verwirklichung gefunden: Als Stützenhalle, als Vier-Iwan-Hof und als Zentralkuppelraum. In den Handbüchern der islamischen Kunstgeschichte erscheint jede Gestalt als typische Konzeption einer der drei grossen Völkereinheiten, die die islamische Welt bilden. Die Stützenmoschee, die älteste dieser drei Raumkonzeptionen, ist tatsächlich eine rein arabische Schöpfung. Die Vier-Iwan-Hofmoschee wird im allgemeinen als persisch bezeichnet. Dieser Moscheentypus enthält zwar viele altpersische Formen und Elemente, ihre Initianten jedoch sind die seldschukischen Herrscher, also die sunnitischen Türken im persischen Bereich. Mit der Einwanderung der Seldschuken nach Kleinasien (Ende des 11. Jahrhunderts) wird die Tradition des Vier-Iwan-Hofes aufgegeben, der Typus Stützenhalle wird in reduzierter Form wieder aufgenommen und variiert. Im Osten hingegen, in Persien, Afghanistan und Turkestan, lebt die Vier-Iwan-Hofmoschee bis ins 19. Jahrhundert weiter. Gegen Ende des 14. Jahrhunderts, mit der Gründung des osmanischen Staates, tritt die Kuppelmoschee in Erscheinung und nimmt hauptsächlich nach der Einnahme von Konstantinopel monumentale Formen an.

Obwohl die Entstehungsdaten dieser verschiedenen Typen ein „Nacheinander" bilden, bleibt jeder innerhalb eines bestimmten geographischen Raumes jahrhundertelang bestehen, unbeeinflusst von der Existenz des Neueren. So sind beispielsweise die erweiterte Form der Grossen Moschee von Cordoba und die Freitagsmoschee in Isfahan ungefähr gleichzeitig entstanden. Auch die Achmed-Moschee (1609) in Istanbul (die letzte monumentale Kuppelmoschee im Osmanischen Reiche) und die Schach-Moschee in Isfahan sind fast gleichzeitig erbaut worden. — Ein für den europäischen Architekturhistoriker ungewohntes Bild, da im Westen Zeitstil und Stilentwicklung für die Geschichte der Architektur als selbstverständliche Kunstgesetze angesehen werden.

Obwohl Stützenmoschee, Iwan-Hof-Moschee und Kuppelmoschee nacheinander entstanden sind, ist keiner dieser Typen die Vorstufe des folgenden. Von einer Raumdisposition zur anderen gibt es keinen Übergang, keine „Brücke".

Haben diese drei Grundformen — trotz ihrer Andersartigkeit — eine gemeinsame islamische Wurzel? — Wenn ja, worin unterscheidet sich die is-

Samarra, Abu-Dilif-Moschee, erbaut 859—861. Fünfzehnschiffige Bethalle mit acht Arkadenreihen. Die ersten sechs laufen senkrecht zur Kiblawand, während die beiden südlichen Bogenreihen parallel zur Kiblawand gestellt sind.

lamische Raumkonzeption von der antiken oder christlichen? Dieser Frage nachzugehen ist das Ziel meiner Raumanalysen.

Da es mir bei dieser Arbeit in erster Linie um das Verständnis der Eigenart von Innenräumen ging, mussten einige Fragen unberührt bleiben, und andere konnten nur in bezug auf die Gestalt des Innenraumes berücksichtigt werden. Die Entwicklung der Minarett- oder Portalformen gehört zum Beispiel zu den nicht behandelten Fragen, da ihre Erscheinung nicht unmittelbar mit der Gestalt der Beträume zusammenhängt.

Samarra, Malwiya, das spiralförmige Minarett der Grossen Moschee. Erbaut 846—852.

Aus dem gleichen Grund hat mich die Frage nach dem Ursprung und der Herkunft der Einzelformen kaum beschäftigt. Mir ging es darum, die Bauformen und -elemente, wie beispielsweise die Säule, das Portal usw., die der Islam von den altpersischen, antiken und frühchristlichen Bauten übernommen hat, von ihren in der westlichen Kunstgeschichte fest eingebürgerten Bedeutungen zu lösen und zu versuchen, ihre Funktion von ihren andersartigen Konstellationen her zu verstehen, das heisst ihre Stellung und ihren Stellenwert im Raumganzen aus ihren neuen Sinnzusammenhängen abzulesen. So gesehen, erscheint zum Beispiel die islamische Säule, deren Basis und Kapitell häufig die gleiche Form aufweist, nicht als ein Unverständnis der antiken Säule, sondern als Zeichen oder „Symptom'' einer anderen, der Antike völlig entgegengesetzten tektonischen „Sprache''.

Was W. von Humboldt für den Bereich der Sprache sagt, kann auch auf die Architektur übertragen werden: „In der Wirklichkeit wird die Rede nicht aus ihr vorangegangenen Wörtern zusammengesetzt, sondern die Wörter gehen umgekehrt aus dem Ganzen der Rede hervor[1].'' Es bedeutet in unserem Zusammenhang: den Sinn der einzelnen Formen und Elemente vom Ganzen des Raumes her zu verstehen. In den folgenden Raumanalysen habe ich versucht, dieser Richtung vom Ganzen zu den Teilen soweit wie möglich treuzubleiben.

Die arabische Stützen-moschee

Ihre Entstehung

„Haben wir nicht die Erde zu einem Lager ge-macht?"　　　　Koran: Sure 78, 6

„Als er zum Orte seiner Moschee (Kufa) gelangte, befahl er einem Mann, einen Pfeil in der Richtung der Kibla zu schiessen, und er markierte seinen Ort. Darauf schoss er einen Pfeil in nördlicher Richtung und markierte seinen Ort. Dann schoss er einen Pfeil in südlicher Richtung und markierte seinen Ort. Dann schoss er einen Pfeil in östlicher Richtung und markierte seinen Ort. Darauf wurde die Moschee der Stadt Kufa und das Haus von Amir errichtet[2]."

So lautet der Bericht des arabischen Chronisten al-Baladhuri über die Grundsteinlegung der Moschee von Kufa (638). Zijad Ibn Abihi, der Statthalter von Basra, liess dreissig Jahre später die alte Moschee von Kufa renovieren. Dabei wurde sie auch erweitert. Die hohen Säulen des ehemaligen Lachmidenpalastes von Hira bildeten den Grundbestand des Harams der alten Moschee. Bei der Renovation wurden weitere Säulen von Dschabal-Achwaz herbeigeschleppt; es entstand eine hohe und weite Säulenhalle, die noch einige Jahrhunderte später den Besuchern wie ein Wunder erschien. Ibn Zubair, der die Moschee im Jahr 1184 gesehen haben soll, bewundert die unwahrscheinliche Höhe und die Schönheit der Marmorsäulen und bemerkt, dass die flache Holzdecke unmittelbar, das heisst ohne Bogenstellung von den Säulen getragen wurde[3]. Die Moschee von Kufa war eine offene Säulenhalle. Sie hatte keine Aussenwände. Die Halle war von einem Graben umgrenzt. Nach den Berichten der Zeitgenossen konnte der Betende vom Haram aus die Stadt sehen. Bemerkenswert ist dabei die Erklärung, die der Chronist at-Tabari für den Graben gibt: „Und sie umgrenzten den Hof mit einem Graben, damit niemand mit einem privaten Bau in ihn hineindringe[4]." Die Moschee von Kufa existiert heute nicht mehr, auch die alten Moscheen von Wasit und Basra sind verschwunden. Solche immensen,

Der Felsendom (Kubbet es-Sachra), erbaut 691 auf der Kuppe des alten Tempelbezirks von Jerusalem. Ein Kuppelbau mit doppeltem Säulenumgang, in der Grundkonzeption nicht sehr verschieden von syrischen Martyrien. Der Fels, um den herum der Omaijadenkalif Abd el-Malik diesen Zentralbau errichten liess, bildet die natürliche Kuppe des Berges Moriah und gilt nach islamischer Tradition als der Ort, von dem aus Mohammed seine Himmelfahrt angetreten hat.

mit den Säulenhallen der altpersischen Königspaläste vergleichbaren Räume können wir nur noch in unserer Phantasie rekonstruieren.

Aus dem Verfahren, die Grenzen des Moscheenraumes mit Pfeilschiessen zu bestimmen, lassen sich folgende Schlüsse ziehen:

1. Am Anfang des islamischen Moscheenbaus bestand die Vorstellung eines begrenzten und übersichtlichen Raumes nicht.

2. Jeglicher Versuch zu einer Richtungs- oder Achsenbildung fehlte. Damit haben wir zwei wesentliche Momente des frühislamischen „Innenraumes" festgehalten. Allerdings sind diese beiden Feststellungen negativer Art. Anders ausgedrückt, Bemerkungen wie: Richtung und Achse fehlen, oder: der Raum wird nicht von seinen Grenzen her bestimmt, weisen eindeutig auf eine Vorstellung vom Bauen, die auf die griechisch-römische Bautradition zurückzuführen ist.

Ein Überblick des Moscheenbaus der ersten vier Jahrhunderte der islamischen Zeitrechnung (7.–11. Jahrhundert) in den verschiedenen Ländern des Islams zeigt uns tatsächlich, dass die oben festgehaltenen negativen Eigenheiten verbindlich bleiben und die Raumkonzeption bestimmen, trotz vielfachen Anpassungsversuchen an die verschiedenartigen Bautraditionen der eroberten Gebiete.

Weder die Einführung der Aussenwände, noch die Kuppel über dem Michrabraum, noch die Versuche, das „Mittelschiff" durch grössere Abmessungen zu betonen, haben die ursprüngliche Raumkonzeption ändern können. Auf die Grosse Moschee in Kairuan hinweisend, schreibt Heinrich Glück: „In dieser richtungsmässigen Zentrierung des Moscheengrundrisses wird der Europäer gern einen Fortschritt erkennen wollen, vom arabischen Standpunkte aus gesehen, bedeutet sie aber ein Abgehen von den ursprünglichen reinen Prinzipien der Richtungslosigkeit und Gleichordnung aller Teile und ein Zugeständnis an die vorgefundene Überlieferung des Mittelmeerkreises[5]."

Auf die unsakrale, schlicht zweckbedingte Eigenart des frühislamischen Moscheenraumes ist verschiedentlich hingewiesen worden. Den persischen oder antiken Marmorsäulen waren Palmenstämme vorangegangen, den geschnitzten Teakholzdecken der omaijadischen Moscheen Decken aus Palmenzweigen. Die Moscheen von Kufa und Basra, ursprünglich als Lagermoscheen (provisorische Moscheen bei Feldzügen) erstellt, waren aus Schilfrohr gebaut. Bereits in den ersten Jahrzehnten der islamischen Zeitrechnung jedoch begann man antike Tempelsäulen zu verwenden. Im 8. und im 9. Jahrhundert wurden die ersten Pfeilermoscheen in Persien, Mesopotamien und in Kairo gebaut. Das Aufkommen der Pfeilermoschee verdrängt aber nicht die ältere Tradition der Säulenmoschee.

Am Anfang des 8. Jahrhunderts erscheinen die ersten Arkaden. Die Verbindung von Säulenreihen mit Bogenstellungen wird von nun an zur Tradition, führt jedoch zu keinerlei Wölbungsversuchen. Durch die Einführung der Arkaden rückt die flache Holzdecke weiter in die Höhe. Ihre raumbegrenzende Wirkung wird dadurch eher geschwächt. *Säulen oder Pfeiler und die Arkadenfluchten* werden zu raumdefinierenden Elementen der frühislamischen Moschee.

Betrachten wir die Tafel 1 genauer, so können wir einige Folgerungen ziehen, die für das Verständnis dieser sowohl der antiken wie auch der frühchristlichen Raumkonzeption völlig fremden Raumvorstellung sehr wesentlich sind.

1. Arkadenverbindungen zwischen den Stützenreihen kommen sowohl in den Säulenmoscheen wie in den Pfeilermoscheen vor: ihre Richtung

Gebäude, Gründungsdaten	Säulen	Pfeiler	Holzdecke ohne Arkaden	Holzdecke mit Arkaden
Basra, 7. Jh.	•		•	
Kufa, 7. Jh.	•		•	
Wasit, 7. Jh.	•		•	
Amr-Moschee, 7. Jh.	•			•
Aksa-Moschee, 8. Jh.	•			•
Damaskus, 8. Jh.	•	•		•
Kasr el-Hair, 8. Jh.	•			•
Baalbek, 8. Jh.	•	•		•
Harran, 8. Jh.	•	•		•
Cordoba, 8.–10. Jh.	•			•
Tunis, 8. Jh.	•			
Bagdad, 9. Jh.	•			•
Bu-Futata, 9. Jh.		•		•
Sousse, 9. Jh.		•		•
Rakka, 9. Jh.		•		•
Samarra, 9. Jh.		•		•
Abu Dilif, 9. Jh.		•		•
Ibn Tulun, 9. Jh.		•		•
el-Azhar, 9.–10. Jh.	•			•
Kairuan, 9.–11. Jh.	•			•
el-Hakim, 10. Jh.		•		•

14

wölbe	Senkrecht zur Kibla-wand	Parallel zur Kibla-wand	In beiden Rich-tungen	Mittel-schiff	Hof	Zijada	Kuppel
					•		
					•	?	
					•	?	
					•		
	•			•			•
		•		•			•
		•		•			
		•			•		
		•			•		
	•				•		•
	•				•		
	?	?			•		
•	•	•	•		•		•
•	•	•	•		•		
		•			•		
	•				•	•	
					•	•	
		•			•	•	
		•		•	•		•
	•			•	•		•
		•		•	•		

Die verschiedenen Varianten der arabischen Stützenmoschee vom 8. bis 11. Jahrhundert.

im Raume bleibt jedoch unentschieden. Die Bogenstellungen können im rechten Winkel oder auch parallel zur Kiblawand laufen. In den Moscheen Amr in Fustat, Aksa in Jerusalem, Cordoba, Tunis, Kairuan, Samarra und el-Hakim in Kairo laufen die Arkaden senkrecht zur Kiblawand, während sie in der Omaijadenmoschee in Damaskus, in den Moscheen von Harran, Baalbek, Kasr el-Hair, Rakka, in der Ibn-Tulun- und El-Azhar-Moschee in Kairo parallel zur Kiblawand stehen.

Weder die Art der Stütze (Säule oder Pfeiler), noch die örtliche Tradition, noch die Erfahrungen, die mit der Zeit gemacht werden, führen eine endgültige Entscheidung in bezug auf die Hauptrichtung herbei. Das Verhältnis zwischen der Arkadenrichtung und der Kiblawand bleibt vier Jahrhunderte lang unentschieden.

2. In den Moscheen Aksa, Kasr el-Hair, Kairuan, el-Azhar und el-Hakim lässt sich die Tendenz feststellen, das mittlere „Schiff" zu betonen: Dabei machen wir die Beobachtung, dass die Richtung der Arkadenläufe davon nicht beeinflusst wird. Das heisst die Gestaltung eines höheren und breiteren Mittelraumes — entsprechend dem Mittelschiff der frühchristlichen Basilika — wird nicht, wie zu erwarten wäre, jedesmal von senkrecht zur Kiblawand laufenden Bogenstellungen unterstützt. In Kairuan und in der Aksa-Moschee ist dies zwar der Fall, in den Moscheen Kasr el-Hair, el-Azhar und in el-Hakim laufen jedoch die Arkadenreihen parallel zur Kiblarichtung.

3. Der erste Schritt, den Mittelraum zu erhöhen und eindeutig anders zu gestalten, wird in Syrien getan, und zwar schon am Anfang des 8. Jahrhunderts. Die Omaijadenmoschee in Damaskus ist die früheste mit einem erhöhten Mittelschiff, und sie ist auch diejenige Moschee, die von der christlichen Basilika am stärksten beeinflusst wurde. Von hier aus geht aber die „Weiterentwicklung" der Idee, das Mittelschiff hervorzuheben, nicht vorwärts, sondern eher rückwärts. In keiner der oben erwähnten späteren Moscheen nämlich unterscheidet sich das Mittelschiff vom Gesamtraum so eindeutig wie in der Omaijadenmoschee; in keiner von ihnen bestimmt es die Hauptachse des Raumes so entschieden.

4. Eine Ausnahme innerhalb der Geschichte der arabischen Bethallen bilden die Moscheen von Sousse und Sfax, beide um die Mitte des 9. Jahrhunderts entstanden. Beide Bethallen haben Bogenstellungen in zwei Richtungen, das heisst im rechten Winkel und parallel zur Kiblawand. So entstehen deutlich abgesteckte Joche, die gewölbt sind. In Sousse mit Tonnen, in Sfax mit Kreuzgratgewölbe. Diese Ausnahmen zeigen, dass gewölbte Decken nicht nur in Persien (Isfahan, Nayin, Damghan), son-

dern auch im arabischen Bereich bekannt und technisch durchaus möglich waren, dass davon aber für den Moscheenbau kaum Gebrauch gemacht wurde[6].

Dieser Überblick über die ersten drei Jahrhunderte des islamischen Moscheenbaus zeigt nirgends eine geradlinige Entwicklung. Im Gegensatz zur frühchristlichen Basilika, deren Raumordnung nach der offiziellen Anerkennung des christlichen Glaubens sehr bald auf eine bestimmte Formel festgelegt werden konnte, fehlt bei der frühislamischen Moschee eine entsprechende Festlegung der Raumordnung.

Die Fortsetzung und Weiterentwicklung einer bestimmten Bauidee im Sinne der Vervollkommnung ist nirgends spürbar. Im Gegenteil: Der Drang nach endloser Wiederholung des gleichen Motivs (Säulen und Arkadenfluchten) dominiert in diesen Räumen so entschieden, dass jeder Versuch zu einer artikulierten Raumgliederung schon im Keime erstickt wird. Ernst Diez sieht in der über Jahrhunderte hinweg „schwankenden Gestalt" der frühislamischen Moschee einen Ausdruck für den „Mangel irgendeiner allseits bindenden oder anerkannten Vorschrift oder Tradition[7]".

K. A. C. Creswell formuliert diesen Tatbestand noch schärfer, indem er von einem „perfect architectural vacuum" spricht, aus dem die Araber allmählich erwachten[8].

Creswell ist es auch beispielhaft gelungen, die „architektonische Herkunft" jedes neuen Versuches in der früharabischen Baukunst soweit wie möglich zurückzuverfolgen, ins Altpersische, Hellenistische, Koptische, Syrische oder Byzantinische usf. Als die Araber, aus dem Vakuum der Wüste kommend, Syrien besetzten und von hier aus ostwärts gegen Mesopotamien und Persien, westwärts in Richtung Nordafrika und Spanien vorstiessen, begegneten sie den folgenden Bautypen: der frühchristlichen Basilika und den Martyrien (Zentralbauten von Kuppeln überwölbt); römischen oder hellenistischen Forumanlagen; persischen Palastbauten (immensen Höfen, Säulenhallen und Tonnenwölbungen).

Als Vorbild standen ihnen folgende Bauelemente zur Wahl: Säule, Pfeiler, Bogen; Kuppel, Tonne und Kreuzgewölbe. Auf die Situation der arabischen Eroberer bezogen, können wir hier kaum von „Einflüssen" sprechen. Sie standen als ursprüngliche Nomaden tatsächlich am Nullpunkt, was Bautradition und Bauerfahrungen betraf. Es war nichts Eigenes da, was hätte „beeinflusst" oder „abgewandelt" werden können.

Die Voraussetzung der arabischen Eroberer war eine ganz andere als die Situation der christlichen Gemeinden am Anfang des 4. Jahrhunderts.

Dort wurde der Sinnzusammenhang der antiken Baukonzeption bewusst zerstört, um mit dem gleichen Formmaterial etwas Neues zu gestalten, das der Antike völlig widersprach. Das Wählen, Weglassen oder Abwandeln der von hellenistischen oder römischen Bauten übernommenen Formen geschah systematisch und zielbewusst. Auch der geographische Raum, in dem die christliche Basilika sich entfaltete, blieb der gleiche: Rom, die Städte Syriens, Kleinasien und Nordafrika.

Die Einstellung der Araber gegenüber der Bautradition der eroberten Länder konnte hingegen keine bewusst feindliche sein. Zudem wurde den Arabern der grundsätzliche Gesinnungsunterschied zwischen der Antike und der christlichen Architektur nie richtig bewusst. Am Nullpunkt stehend, besassen sie die einmalige Chance, *frei und vorurteilslos* wählen zu können. Ihre Wahl geschah nicht ,,ideologisch'' oder ,,gezielt'', sondern rein *intuitiv*.

Die Forscher der frühislamischen Baugeschichte haben bisher ihre Hauptaufgabe darin gesehen, zu bestimmen, woher die angelehnten Formen stammen und wo sie angewendet wurden. Es wird in erster Linie — wie die schöne Wendung in den Kunstgeschichtsbüchern heisst — stets nach der Patenschaft der Formen gefragt. Dass die Apsis der Michrabnische oder das Hochschiff der christlichen Basilika dem Mittelschiff der Omaijadenmoschee Pate gestanden, sind gewiss richtige Feststellungen, helfen uns jedoch kaum, das Wesentliche an einem früharabischen Moscheenraum zu erkennen.

Fruchtbar in diesem Zusammenhang wäre es, zu fragen: Was haben die Araber an der christlichen Basilika nicht beachtet, nicht wahrgenommen oder nicht erkannt? Ein von diesen Fragestellungen ausgehender Vergleich soll im folgenden versucht werden, um die Eigenart des arabischen Moscheenraumes besser zu erkennen.

Die konstantinische Basilika und die frühislamische Moschee

Versammlungsorte der frühchristlichen Gemeinden waren ursprünglich bürgerliche Wohnhäuser: ,,Nur da, wo die Gemeinde der Gläubigen, ,der Leib Christi', sich zusammenfindet, weilt Gott auf Erden, unabhängig von der räumlichen Stelle, die Ecclesia, die Versammlung der Gläubigen allein erfüllend. Das Urchristentum kennt also weder den irdischen Tempel noch die aus lebloser Materie gefügte Kirche[9].''

Mohammeds Wohnhaus in Medina, ein gewöhnliches arabisches Haus mit

Arabische Moscheen I

Jerusalem, Felsendom, 691

Jerusalem, Aksa-Moschee, 702

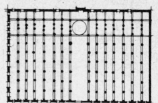

Damaskus, Omaijadenmoschee, 705

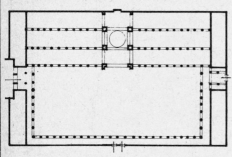

Kairo, Amr-Moschee, 2. Bau, 827

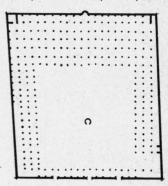

Kairo, Ibn-Tulun-Moschee, 876

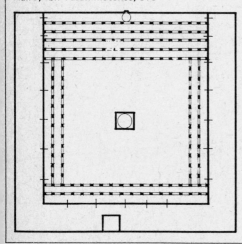

Kairo, El-Hakim-Moschee, 991

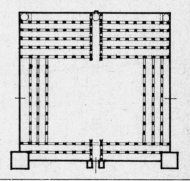

Tafel 2

19

Cordoba, Grosse Moschee,
zur Gründungszeit, 786

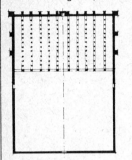

Cordoba, Grosse Moschee, Erweiterungen,
A: 786, B: 822, C: 976, D: 990

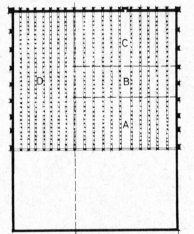

Zu den Tafeln 2—4:
Ein Überblick über
die Grundrisse der
arabischen Stützen-
moscheen zeigt, dass
im Laufe der vier
Jahrhunderte kein
eindeutiger Ord-
nungswille spürbar
wird, der den Raum
zu einer klaren Glie-
derung führt. Die
Betonung des „Mit-
telschiffes" durch
breitere Säulenab-
stände, die Hervor-
hebung des Michrab-
raums durch Kuppel-
wölbung treten
zwar da und dort in
Erscheinung, doch
was im Grundriss so
eindeutig abzulesen
ist, vermag den Cha-
rakter dieser Räume
nicht zu ändern. Ob
die Arkaden parallel
oder senkrecht zur
Kiblawand laufen,
ob Pfeiler oder Säu-
len angewendet
werden, alle diese
Einzelheiten wer-
den vom Prinzip der
endlosen Wiederho-
lung zurückgedrängt.

Kairo, El-Azhar-Moschee,
zur Gründungszeit, 973

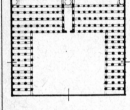

Kairo, El-Azhar-Moschee,
Erweiterung, um 1300

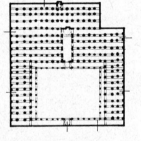

Kairuan, Grosse Moschee,
834—863

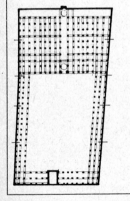

Sousse, Grosse Moschee, 851

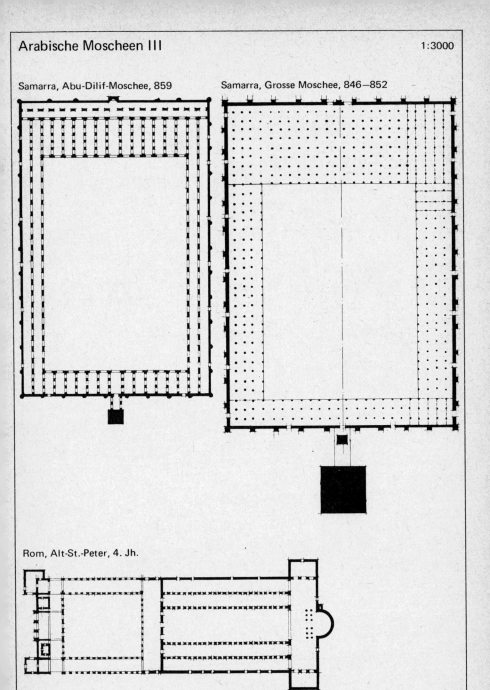

Samarra, Abu-Dilif-Moschee, 859

Samarra, Grosse Moschee, 846—852

Rom, Alt-St.-Peter, 4. Jh.

Damaskus, die Grosse Moschee, erbaut 705 vom Omaijadenkalifen al-Walid. Die dreischiffige Bethalle wird in ihrer Mitte von einem Mittelschiff in zwei symmetrische Flügel geteilt. Die doppelstöckigen Arkadenreihen laufen parallel zur Kiblawand. Alle drei Schiffe der Bethalle sind gleich hoch. Das Innere wurde im 19. Jahrhundert vollständig renoviert.

einem Innenhof, ist nach islamischer Überlieferung die erste Versammlungsstätte der Gläubigen gewesen. Mohammed liess Palmenstämme den Hofmauern entlang aufstellen und darüber ein aus Palmenzweigen bestehendes Flachdach errichten, weil die sengende Wüstensonne ohne Schatten unerträglich war. Ursprung beider Sakralräume war also das Wohnhaus.

Sehr bald nach der Anerkennung des christlichen Glaubens durch den Staat veränderte sich die Situation in Rom: „Das christliche Gotteshaus ist jetzt vor aller Öffentlichkeit gleichberechtigt wie die Heidentempel und kann mit ihnen auch als Werk in Wettstreit treten. Das heilige Gebäude erhält in der allgemeinen Sprache den Namen des Göttlichen Leibes: ‚Ecclesia‘[10]."

Die arabische Moschee hingegen hat ihren rein zweckbedingten Charakter nie verloren. Der Unterschied zwischen dem Haus von Mohammed und den immensen Moscheen von Bagdad, Kufa, Samarra oder Kairo bleibt weiterhin ein bloss quantitativer: Ein ebener Boden, auf dem sich die Gläubigen niederwerfen können (arabisch Masdschid: der Ort des Sichniederwerfens), ein Dach, das Schatten spendet, und Stützen gleich welcher Art (Baumstämme, antike Säulen oder Pfeiler aus Backstein), die das Dach tragen.

Mit dem Bau der Laterankirche in Rom wurde zum erstenmal und endgültig die Idee des christlichen Kirchengebäudes formuliert: ,,Alles ist auf das kultische Zentrum hin angelegt, auf Altar, Apsis und Thron. Das breite, überhöhte Mittelschiff, einer Triumph- oder Feststrasse gleich, führt zum Querschiff, das durch den hohen säulengestützten Triumphbogen sich dem Mittelschiff öffnet und zum Altar, der gerahmt ist durch den gewölbten Hintergrund der Apsisnische und den Säulenvordergrund des Triumphbogens. Alles ist abgestuft nach einem neuen Rang der Heiligkeit und den sakralen Bedürfnissen gemäss. ...

Damit ist der Typus der christlichen Kirche geschaffen, unabhängig von seinen individuellen Variationen als verschieden gebildete Basilika[11].''

Die Omaijadenmoschee in Damaskus könnte als die ,,Laterankirche'' des Islams betrachtet werden. Sie ist im Jahre 705 vom Omaijadenkalifen al-Walid an Stelle der alten Johanneskirche erbaut worden. Mit diesem monumentalen Bau haben die Omaijaden ihre Macht auf eine der islamischen Gesinnung zuwiderlaufende Art manifest werden lassen.

Rein formal gesehen ist die Moschee von Damaskus der frühchristlichen Basilika so stark angepasst, dass die Diskussion, ob sie ein Neubau oder ein Umbau der Johannesbasilika gewesen sei, bis heute nicht zur Ruhe gekommen ist[12].

Der aus drei Schiffen bestehende Haram, das Mittelschiff mit der monumentalen Kuppel und einer Giebelfassade an der Hofseite, das dreitürige, an die byzantinischen Palasttore gemahnende Portal und der Arkadenhof, all diese Motive haben gewiss ihre Vorbilder in den syrischen Basilikabauten.

Diese Elemente werden jedoch in der Grossen Moschee von Damaskus auf eine völlig neue Art zusammengefügt: Trotz der bilateralen Symmetrie der Raumordnung entsteht keine Bewegung gegen den Michrab zu. Die doppelstöckigen Arkadenreihen laufen der Kiblawand parallel. Die Kuppel erhebt sich nicht über dem Michrabraum, sondern über dem mittleren Joch des Mittelschiffs. So wird die Mitte des Raumes betont und die Längswirkung des Mittelschiffs unterbrochen. Die drei ,,Schiffe'' der Seitenflügel sind gleich hoch, das heisst ohne Obergaden. Vom Mittelschiff aus gesehen, laufen die Arkaden der Seitenflügel ins Endlose. Die seitlichen Abschlusswände verschwinden im Dunklen und kommen nicht als Raumgrenzen zur Geltung.

Bei den späteren Moscheenbauten der Omaijaden in Syrien, die nach einem ähnlichen Schema konzipiert sind, beobachten wir eine allmähliche Auflösung dieser in der Grossen Moschee von Damaskus formulierten Raumordnung. Die Moscheen von Harran, Kasr el-Hair und Amida (Diyarbakir) haben zwar einen ähnlichen Grundriss wie die Moschee von Damaskus, die Kuppel über dem Mittelschiff fehlt jedoch; in der Grossen Moschee von Rakka wird eine Hervorhebung des Mittelschiffs überhaupt nicht mehr versucht. Die chronologische Folge der Moscheen aus der Omaijadenzeit zeigt eine sukzessive Abnahme des Einflusses der syrischen Basilikatradition.

K. A. C. Creswell begründet diesen Vorgang mit dem Fall der Omaijadendynastie und der Verlegung der Hauptstadt durch die Abbasidenkalifen nach Bagdad: „Die Auswirkung lässt sich etwa mit dem Wechsel vergleichen, der stattfand, als die Hauptstadt des römischen Reiches nach Konstantinopel verlegt wurde: in beiden Fällen bewirkte dies eine Verschiebung des Schwerpunktes nach Osten, die geistige und künstlerische Atmosphäre wurde ‚orientalischer'.

Im Falle des Islams wurden die hellenistischen Einflüsse von Syrien durch die noch immer vorhandenen sassanidischen, persischen und irakischen verdrängt, die die Kunst und Architektur entschieden veränderten und die Samarrakunst entstehen liessen. Einflüsse von Samarra erstreckten sich bis nach Ägypten (Ibn-Tulun-Moschee) und nach Bahrein, Nischapur und Afrasiyab, wie die neueren Ausgrabungen gezeigt haben[13]..."

Den Vorgang der „Orientalisierung" beobachtet Creswell in den alten Moscheen von Bagdad, Kufa und Wasit. Alle drei sind Flachdachbauten *ohne Bogenstellungen*, ähnlich den altpersischen Königshallen (Apadanas). Creswell bemerkt allerdings, dass sich sehr bald Pfeiler mit Arkadenstellungen einbürgern (Ibn Dilif in Samarra, Ibn Tulun in Kairo) und neben diesen — wenn auch selten — gewölbte Moscheen in Erscheinung treten (Damghan). Den Ursprung der Kuppel über dem Michrabraum möchte er jedoch unbedingt nach Syrien verlegen mit der Begründung, dass dieser Typus nur im Westen vorkomme. Als Beispiele erwähnt Creswell in diesem Zusammenhang die Moscheen von Damaskus, die Aksa-Moschee in Jerusalem, die Moscheen von Kairuan, Tunis und Sousse. Diese Folgerung erscheint mir etwas fragwürdig: Das blosse Vorhandensein einer Kuppel genügt kaum, um alle diese Bauten als Exponenten des gleichen Typus zu bezeichnen. Zudem wäre noch zu bemerken, dass in der ältesten dieser Moscheen, nämlich in der Grossen Moschee von Damaskus, das Mittelschiff vermutlich von drei Kuppeln überwölbt war und die jetzige Gestalt mit einer Kuppel in der Mitte auf die seldschukische Renovation im 11. Jahrhundert zurückgeht.

Die Verwandtschaft zwischen den persischen Apadanas und den frühen Moscheen von Mesopotamien ist zwar unbestreitbar — doch wäre wiederum zu fragen: Warum fällt die Wahl der Araber in der Entstehungszeit ihrer Moscheen ausgerechnet auf die Form der Apadana und nicht auf andere charakteristische Motive der altpersischen Palastarchitektur? Axialsymmetrische Raumordnung, architektonisch durchgestaltete Höfe mit offenen, tonnengewölbten Thronsälen und Kuppelräume waren für die persische Palastarchitektur genau so kennzeichnend wie die flachgedeckten Säulenhallen. Die zeitgenössische arabische Palastarchitektur (Kasr at-Tuba, Kuseir Amra, Uchaidir u. a.) zeigt uns hingegen, dass alle diese Motive dort von den Arabern aufgenommen und auch kunstvoll abgewandelt wurden.

Im Laufe von vier Jahrhunderten erreicht der arabische Moscheenraum keine eindeutige Formulierung, die Variationen erlauben würde. Bei dieser Feststellung drängt sich die Frage auf: Entspringen die ,,Schwankungen" der Gestalt der frühislamischen Moschee tatsächlich dem Mangel einer dominierenden ,,Gesamtidee", wie es die Auffassung von Ernst Diez ist (vgl. oben)? In ihren verschiedenen Erscheinungsformen dient die Stützenmoschee, rein funktionell gesehen, einwandfrei ihrem Zweck.

Wird die Gestalt der arabischen Moschee tatsächlich einzig von ihrer Funktion her bestimmt? Deichmann[14] weist darauf hin, dass neben der Eingliederung der Kirche in den Staatsapparat, auch die in der Apokalypse beschriebene Gestalt der himmlischen Stadt Jerusalem, die dereinst zur Erde niedersteigen soll, den Aufbau der konstantinischen Basilika bestimmt habe.

Wie Lothar Kitschelt[15] und später auch Hans Sedlmayr[16] gezeigt haben, ist der Zusammenhang zwischen der Gestalt der konstantinischen Basilika und der apokalyptischen Vorstellung der himmlischen Stadt Jerusalem nicht bloss ,,sinnbildlich", sondern unmittelbar bildhaft zu sehen. Der Innenraum der Basilika ist eine ,,reale Darstellung" einer Vision. Eine Beschreibung in Worten ging hier der architektonischen Raumvorstellung voraus und hat die Gestalt des Innenraumes auf Jahrhunderte bestimmt. Was aber jene visionären Stadtvorstellungen der Apokalypse befruchtete, waren die Alltagserfahrungen der eigenen Umwelt. Wenn in der konstantinischen Basilika die Fassade das Stadttor; das Hochschiff die römische

Hallenstrasse; das Presbyterium den Thronsaal abbildet und der Gesamtbau die himmlische Stadt Jerusalem „darstellt", so ist darin nichts anderes zu sehen als eine Fortsetzung der hellenistischen Stadttradition. Das Alltägliche wird idealisiert, zum „Himmlischen" erhoben, um dann in der Alltagswelt seinen Niederschlag zu finden als Himmelsstadt auf Erden.

Als nomadisches Wüstenvolk besassen die Araber keine ausgeprägte Stadttradition. Erst nach der Gründung des Omaijadenkalifats begann man mit Stadtgründungen. Die Moschee, die meistens mit dem Wohnhaus des Statthalters zusammen konzipiert wurde (Kufa, Bagdad, Basra), bekam allmählich eine repräsentative Bedeutung. Mit dem schnellen Vordringen der Araber im Osten wie im Westen etablierte sich der Islam von Anfang an als Staatsreligion. „Der Arabersturm, der gleichzeitig über Europa und Asien hereinbricht, ist ganz einzigartig; die Schnelligkeit seiner Siege lässt sich nur mit dem raschen Entstehen der mongolischen Reiche Attilas oder — später — Dschingis Khans und Tamerlans vergleichen. Aber diese waren ebenso kurzlebig, wie das des Islams dauerhaft ... Ihre blitzartige Ausbreitung ist, verglichen mit dem langsamen Fortschreiten des Christentums, ein wahres Wunder[17]." Ein Nomadenvolk, von dem neuen Glauben angefeuert, erwachte aus einem geistigen Vakuum und fand sich vor der Aufgabe, neue Städte zu gründen, neue Gotteshäuser zu errichten. Es hatte weder praktische Erfahrung im Bauen noch eine richtungsweisende Tradition.

Eine der Vorstellung des himmlischen Jerusalem entsprechende architektonische Vision findet sich weder im Koran noch im Hadith, den mündlichen Überlieferungen, die auf Mohammed zurückgeführt werden. An Stellen, wo im Koran von Städten oder vom Bauen der Städte die Rede ist, geschieht dies eher in einem negativen Sinn (Suren 9, 24; 59, 8; 17, 17). An verschiedenen Stellen des Korans wird die Zerstörung der Städte durch Naturkatastrophen als Folge des göttlichen Zornes ausgelegt, und die Gläubigen werden davor gewarnt, auf ihre Städte und weltlichen Behausungen stolz zu sein. Der arabische Historiker und Philosoph Ibn Chaldun hat in seinen Mukkadima (Prolegomena) versucht, die „gefährlichen" Aspekte der Stadtzivilisation kulturgeschichtlich zu begründen. Die Gründung der Städte ermöglicht zwar die Kultur, gleichzeitig aber auch die Etablierung der Macht: „Je mächtiger eine Dynastie ist, desto zivilisierter wird sie; denn die Stadtzivilisation hängt vom Luxus ab, der Luxus vom Reichtum und dem Wohlleben, der Reichtum und das Wohlleben von der Herrschaft und dem Umfang des Gebietes, über das die Dynastie herrscht. So steht all dieses (Reichtum, Luxus, Stadtzivilisation) im Verhältnis zur

Herrschaft[18]." Die hellenistischen, römischen und später auch die byzantinischen Städte waren nicht bloss Siedlungen, um darin zu leben, sondern gleichzeitig Denkmäler für den Ruhm ihrer Gründer. Gerade dieser Aspekt des Bauens wurde in den Anfangszeiten des Islams als Gefahr oder vielmehr als „Versuchung" empfunden. „Gott ist es, der die Himmel, ohne dass ihr irgendwelche Stützen sehen würdet, emporgehoben und sich daraufhin auf den Thron zurechtgesetzt hat" (Sure 13, 2). „Er hat die Himmel geschaffen, ohne dass ihr irgendwelche Stützen sehen würdet" (Sure 31, 9). Diese beiden Aussagen zeigen deutlich, dass im Koran eine Beschreibung, die zu einer bildhaften Vorstellung eines Weltgebäudes führen könnte, sorgfältig vermieden wird. Der Himmel wird zwar als siebenstöckig beschrieben, jedoch ohne *tragende Gebilde*. Gerade diese atektonische Vorstellung vom Himmel zeugt von der Grösse und Allmacht Gottes, der allein fähig ist, „Stockwerke" oder „Ränge" ohne sichtbare Stützen zusammenzuhalten.

Das Schicksal der Säule in der arabischen Moschee

Säulen, zusammengetragen aus antiken, persischen und christlichen Bauten, bildeten das Grundmaterial der arabischen Moschee, jedoch nicht die Hallenstrassen einer himmlischen Stadt „abbildend", sie ersetzten einfach die Palmenstämme in ihrer tragenden Funktion.
Im Haram einer arabischen Stützenmoschee fühlt sich der Betretende nicht von einem Innenraum umschlossen, das heisst in einem „Gefäss", dessen Grenzen überblickbar sind und das Innere vom Aussenraum deutlich trennen. Der Bericht von at-Tabari, dass in der alten Moschee von

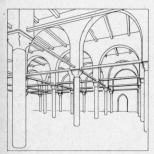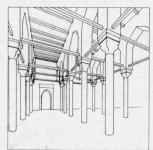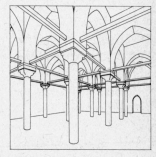

Die Arkaden in der arabischen Stützenhalle. Links: Paralell zur Kiblawand. Mitte: Senkrecht zur Kiblawand. Rechts: Senkrecht aufeinanderstossende Bogenwände in beiden Richtungen.

Kufa der Betende vom Haram aus die Stadtmauern sehen konnte, zeigt, dass der Haram von Anfang an nicht als Innenraum konzipiert war. In den Chroniken von at-Tabari lesen wir auch von mehrmaligen Erweiterungen der gleichen Moschee. Gerade durch diese Eigenart, nämlich durch ihre uneingeschränkte Erweiterungsmöglichkeit, unterscheidet sich die arabische Moschee von der frühchristlichen Basilika. Die Moscheen von Cordoba, von Kairuan und die el-Azhar in Kairo sind Beispiele dafür, dass die neu hinzugefügten „Schiffe" die ursprüngliche Einheit der Räume nicht gestört, sondern in der Wirkung eher gesteigert haben. Der Eindruck einer endlosen „Weite" konnte im Prinzip durch eine Erweiterung des Raumes nicht beeinträchtigt werden, da der Betende ausser der Bodenfläche keine andere Begrenzung wahrnimmt. Die gleichmässige und allseitige Ausdehnung des Bodens einerseits und die endlose Wiederholung der Stützen anderseits drängen die abgrenzende Wirkung der Wände und der Decke zurück. Einzig die Stützen sind das raumdefinierende Element.

Die reinste Verwirklichung solcher absolut richtungsfreier Räume finden wir in den alten Moscheen von Kufa, Wasit oder Basra, in denen die flache Holzdecke direkt, das heisst ohne Bogenstellungen, von den Stützen getragen wird. Bereits einige Jahre später begann man — wohl aus konstruktiven Überlegungen — die Stützenreihen mit Bögen zu verbinden (Aksa-Moschee, Kasr el-Hair, Harran u. a.). Dass diese „Neuerung" nicht der Ausdruck einer neuen Raumkonzeption gewesen ist, zeigt sich in der über vier Jahrhunderte dauernden Schwankung der Richtungsgebung: Ob die Arkadenreihen senkrecht oder parallel zur Kiblawand laufen, wurde offensichtlich nie zu einer entscheidenden Frage. Durch die Vielzahl der „Schiffe", das heisst durch das Hintereinander von parallelen Bogen, entsteht immer wieder ein „Gegenzug" in senkrechter Richtung zur Bogenwand. Wer auf dem Boden einer Stützenmoschee steht oder kauert, hat um und vor sich stets diese beiden rechtwinklig zueinanderlaufenden perspektivischen „Züge". Dieses Grunderlebnis bleibt unabhängig davon, ob die Bogenstellungen rechtwinklig oder parallel zur Kiblawand laufen. Die beiden perspektivischen „Züge" in einer Stützenmoschee werden bezeichnenderweise von hölzernen oder eisernen Ankern sekundiert. Dieses ursprünglich konstruktive Hilfsmittel wird im Laufe der Zeit zum Zeichen der hier zu Grund liegenden Raumordnung. Im System des Ankergitters wird das Achsengitter spürbar, das diesen Räumen, trotz der endlosen Ausdehnung, seinen Bestand gibt. Die Säulen markieren die Schnittpunkte dieses Achsengitters. In der Funktion, die der Säule in diesem Zusammenhang zukommt, tritt ihre eigentliche Aufgabe als Stütze zurück.

Kairuan, die Grosse Moschee, gegründet 772. Die Bethalle wurde nach mehrmaligen Zerstörungen von Zijad Allah wieder aufgebaut (816–837). Der Betraum ist eine siebzehnschiffige Halle, deren Bogenstellungen sich senkrecht zur Kiblawand richten.

W. Deichmann beschreibt das „Schicksal" der antiken Säule in der konstantinischen Basilika wie folgt: „Bei der Basilika wirkte der Obergaden in einem Sinne umwälzend, formvernichtend und revolutionär gegenüber der Antike. Die Wände des Obergadens der Basilika bestehen aus allein durch Fenster durchbrochenem, massivem Mauerwerk, das, von Architrav oder Archivolten unterfangen, auf Säulen oder Pfeilern ruht: Säulen tragen eine massive Wand, eine dem römischen Kanon ... unbekannte Erscheinung, die auf ein völlig verändertes Formgefühl weist. Denn die Säule, einst ein lebendiges Glied der Struktur der Ordnung im freien Spiel der Kräfte, wird zu einer blossen Stütze ... Die Teile beginnen untergeordnet im Ganzen aufzugehen und verlieren damit ihre ursprüngliche Funktion und Bedeutung[19]."

In der frühchristlichen Basilika verliert die Säule zwar ihre „Freiheit", jedoch ihre Stützfunktion bleibt sichtbar. Sie wird hier zum Träger der Obergadenwand. Die Säule erhält zwar in der Basilika eine „untergeordnete" Funktion, bleibt aber in ein Wandsystem eingegliedert.

In der arabischen Moschee dagegen ist die Säule weder „frei" noch „untergeordnet": Sie scheint hier überhaupt nicht zu einem vertikalen System zu gehören. Als endlose Wiederholung des Gleichen dient sie im Moscheenraum dazu, die richtungsfreie Ausbreitung des Raumes zu verdeutlichen. Als Schnittpunkte eines geradwinkligen Achsengitters werden die Säulen zum Träger einer horizontalen Ausdehnung. Der Raum selber bleibt dabei absolut ruhig, weil der gleichmässige Rhythmus der Breiten- und Tiefenausdehnung keine Richtungsbetonung zulässt. Wie etwa beim ständigen Erklingen eines Tones die Wahrnehmung langsam erlöscht, so verebbt in diesen Räumen die Erfahrung von Rhythmus oder gerichteter Bewegung in der Eintönigkeit der Wiederholung.

Die Bedeutung des Bodens in der arabischen Stützenmoschee

„Dienet ihm, der euch die Erde zu einem Teppich und den Himmel zu einem Bau gemacht hat ..."   *Koran: Sure 2, 20*

Die Säulen bestimmen die Struktur des Raumes, im Ankergitter zeichnet sich das Gesetz des Raumes ab, einzig der Boden bildet die alles tragende, fassende, zusammenhaltende Ebene. Er allein wirkt als raumbegrenzende Fläche. Die Ausdehnung des Bodens wird im Moscheenraum von keinerlei Gegenstand oder Mobiliar unterbrochen. Man betritt die Moschee ohne Schuhwerk und steht oder kauert unmittelbar auf dem Boden. Der Betretende erlebt primär den mit Matten oder Teppichen belegten Boden als eine uneingeschränkte Ausdehnung um sich herum. Nach islamischen Vorschriften genügt ein Stück trockenen, sauberen Erdbodens für das Gebet. Das Gebet im Freien, vor einem Musalla[20], ist noch heute in heissen Ländern üblich. Die verschiedenen Körperstellungen, an die sich der Betende nach einer vorbestimmten Folge zu halten hat, sind Stehen, Knien, Sichverbeugen und Sichniederwerfen (Sugud). Das Sichniederwerfen und Berühren des Bodens mit der Stirne bildet den Höhepunkt des Gebetes. Nicht mit zum Himmel erhobenem, sondern mit zum Boden gesenktem Blick wird das Gebet ausgeführt. Im Koran heisst es: „Von der Niederwerfung her sind sie auf ihrem Antlitz gezeichnet" (Sure 48, 29). Damit wird auf die Gläubigen hingewiesen, die nach der Prosternation den Staub der Erde als Zeichen ihrer Frömmigkeit nicht von der Stirne abgewischt haben.
Nach den Berichten der arabischen Historiker waren die Böden der älteren Moscheen weder gepflastert noch mit Platten belegt; sie bestanden aus Naturboden. Al-Baladhuri berichtet, dass Zijad bei der Erweiterung der

Kairo, Amr-Moschee. Die heutige Bethalle wurde 1798 an der Stelle der 642 vom Feldherrn Amr gegründeten alten Moschee errichtet.

Moschee von Basra diesem Zustand ein Ende gesetzt hat: „Der Boden wurde mit Kieselsteinen belegt. Die Betenden bekamen auf dem staubigen Boden schmutzige Hände, und durch Klatschen der Hände wollten sie den Staub los werden. Zijad befürchtete, dass dieses Händeklatschen mit der Zeit zur Gewohnheit würde, deshalb befahl er, den Boden der Moschee mit Steinen zu belegen[21]."

Das Berühren der Erde oder des Bodens mit der Stirne ist nicht nur der Ausdruck einer demütigen „Unterwerfung unter Gottes Allmacht". Im Koran heisst es: „Haben wir nicht die Erde zu einem Lager gemacht und die Berge zu Pflöcken?" (Sure 78, 6–7). Und in der Sure 2, 20: „Dienet

31

In Sudan und in Südafrika gibt es noch improvisierte Moscheen. Sie bestehen aus einer von Palmenzweigen geflochtenen Decke, die von Palmenstämmen getragen wird.

ihm, der euch die Erde zu einem Teppich und den Himmel zu einem Bau gemacht hat ...''
Der arabische Philosoph Ibn Ruschd (Averroes) hat diese Koranverse auf die folgende Weise interpretiert: ,,Alles ist zusammengefasst in den Worten: Haben wir nicht die Erde zu einem Lager gemacht? Nämlich das Lager begreift in sich die Übereinstimmung von Form, Ruhe und Lage: überdies noch die Eigenschaft der Bequemlichkeit und Weichheit. Wie herrlich ist diese wundervolle Erde, wie ausgezeichnet dieses Glück, wie ausserordentlich die Vereinigung dieser Eigenschaften? Nämlich in dem Worte Lager ist alles vereinigt, was auf der Erde an Übereinstimmung für

das Existieren des Menschen sich findet[22]." So gesehen ist die Erde heilig als Grund, als realer Boden, den Gott für den Menschen und nur für ihn geschaffen hat, und die Gebärde des Sichniederwerfens und Berührens des Bodens wäre demnach nicht nur ein Zeichen der Unterwerfung und Demut, sondern ebenso eine Gebärde des Dankes dem Schöpfer gegenüber. Der Mensch wirft sich willentlich auf die Erde, um seines Schöpfers zu gedenken — aber auch die anderen Lebewesen und die Gegenstände tun dasselbe, wenn auch unwillkürlich, indem sie ihren Schatten auf die Erde werfen und dieser Schatten sich, dem Gang der Sonne folgend, auf dem Boden fortbewegt: ,,Haben sie denn nicht gesehen, wie die Schatten dessen, was Gott an Dingen geschaffen hat, morgens und abends nach rechts und links wandern, indem sie sich demütig vor Gott niederwerfen?" (Sure 16, 48). Diese Aussage über den natürlichen Schatten der Dinge ist sehr aufschlussreich und wird uns später im Zusammenhang mit dem islamischen Verbot des ,,Abbildens" beschäftigen.

Die Gebetsrichtung

,,Kaaba ist die Gebetsrichtung für die Weltmenschen, die eigentliche Kaaba ist die Seele."
Attar, ,,Das Meer der Seele"[23]

Die arabische Stützenmoschee besitzt im Prinzip keinen ausgeprägten Eingang, kein Portal. Der Innenraum öffnet sich gegen den Hof zu und ist in jeder Achse zugänglich. Auch zwischen der Bethalle und den Riwaks[24] (den Arkaden um den Hof) besteht keine Abgrenzung. Als ein-, zwei- oder auch mehrschiffige Hallen bilden die Riwaks eine Art Fortsetzung der Bethalle. Vergleicht man die mit Riwaks umgebenen Höfe der arabischen Moscheen mit den Atrien der frühchristlichen Basilika, so ist auch hier ein grundsätzlicher Unterschied festzustellen: der Hof der arabischen Moschee ist kein Vorhof, das heisst kein einführender Raum zum Hauptbau, sondern nur ein Lichthof. Die arabische Stützenmoschee ist in ihrer ursprünglichen Form ein fensterloser Bau. Die tiefen Säulenreihen des Harams beziehen ihr Licht vom Hof. Dass diese Höfe als Lichthöfe und nicht als repräsentative Vorhöfe geschaffen sind, erkennen wir vor allem an der seitlichen Plazierung der Haupteingänge (Samarra, Bagdad, Kairo, Kairuan). An der dem Haram gegenüberliegenden Hofseite — wo eigentlich ein Hauptportal zu erwarten wäre — erhebt sich in der Regel ein Minarett (in Samarra, in Ibn Tulun und mit kleinen Achsenverschiebungen in Kairuan und el-Azhar in Kairo). Von welcher Achse wir auch den Haram betreten, das ,,Raumbild", das vor unseren Augen sich öffnet, bleibt konstant. Auch in

Kairo, Ibn-Tulun-Moschee

Schnitt durch die Bethalle und Grundriss. 1:1500

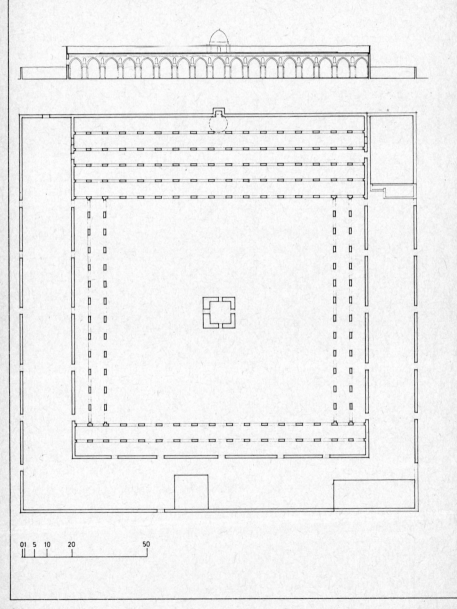

01 5 10 20 50

34

Kairo, El-Azhar-Moschee

Schnitt durch die Bethalle und Grundriss. 1:1500

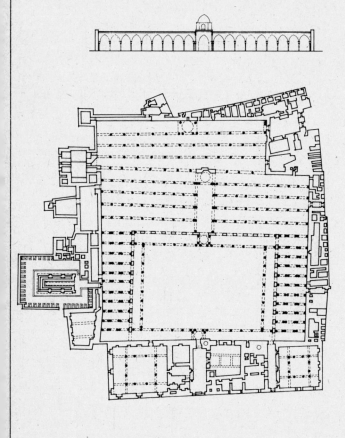

01 5 10   20   50

den Moscheen von Kairuan oder el-Azhar, wo eindeutig ein Bestreben zum Hervorheben des „Mittelschiffes" festzustellen ist, kommt nicht eine eigentliche Hierarchie in der Raumordnung zustande. Versuche, wie wir sie in den beiden oben erwähnten Räumen treffen, bleiben bloss im Grundriss ablesbar. Die Symmetrieachse zwischen der Michrabnische und dem mittleren Eingang wird übertönt von dem monotonen Rhythmus der beidseitig anschliessenden Säulenreihen.

Verglichen mit dem Hochschiff einer frühchristlichen Basilika, sind die Abmessungen der Mittelschiffe von der Grossen Moschee in Kairuan oder von el-Azhar tatsächlich nur schüchterne Versuche. Besonders die Höhendifferenz zwischen dem Mittelschiff und den anderen Schiffen bleibt bei den arabischen Moscheen sehr gering. Dies ist jedoch nicht der einzige Grund, weshalb die Symmetrieachse für den Gesamtraum keine Bedeutung erlangt.

Die Anzahl der „Schiffe" (Kairuan 17, el-Azhar 19, Grosse Moschee in Samarra 25) einerseits und die grosse Differenz zwischen der immensen horizontalen Ausdehnung und der relativ geringen Raumhöhe anderseits verhindern die Entstehung einer hierarchischen Raumordnung.

Das menschliche Auge ist kaum fähig, mehr als vier Achsen links und rechts gleichzeitig als Zahl wahrzunehmen. Übersteigt die Reihe der Säulenachsen an den beiden Seiten die Zahl Vier, so entsteht die Wirkung des Zahllosen: die seitliche Ausdehnung des Raumes wird als eine unermessliche Weite erfahren. Wo wir uns auch hinstellen, erscheint in einer Stützenmoschee die horizontale Dimension (Breite und Tiefe) immer als eine *unermessliche Weite,* während die Höhendimension als eine messbare, dem Menschenmass angepasste Grösse erlebt wird. In dieser Diskrepanz zwischen der horizontalen und der vertikalen Dimension liegt die Eigenart des arabischen Moscheenraumes.

Die Tatsache, dass im Laufe der Jahrhunderte, trotz verschiedenen Versuchen, im arabischen Moscheenraum keine Raumhierarchie und keine eindeutige Symmetrieachse entstanden ist, erscheint auf den ersten Blick befremdend, wird doch im islamischen Gebet der Gebetsrichtung eine sehr grosse Bedeutung beigemessen.

Dennoch ist die Michrabnische in der arabischen Moschee, architektonisch gesehen, nicht mehr als eine Markierung: sie erlangt keine die Gestalt des Gebetsraumes mitbestimmende Bedeutung.

Dass in einigen Moscheen der Raum vor der Michrabnische von einer Kuppel überwölbt wird, ändert kaum die eigentliche Struktur der Bethalle. Ihr architektonisches Prinzip bleibt die endlose Wiederholung des Gleichen.

Die Michrabnische zeigt die Richtung nach Mekka, wo das Heiligtum, Kaaba, steht. Der Moscheenraum trägt demnach sein geistiges Zentrum nicht in sich. Nach der Überlieferung behalf sich in den Frühzeiten die im Freien betende Gemeinde mit einer in den Boden gesteckten Lanze, die die Richtung markierte, mit einem Gegenstand also, der keinerlei Symbolgehalt hatte, der nicht einmal durch seine Gestalt einen gedanklichen Zusammenhang mit der Kaaba aufwies. Das gleiche gilt im Grunde auch für die Michrabnische. Ihre Bedeutung erschöpfte sich anfänglich in der Funktion des Richtungweisens. Einzig die Kaaba ist heilig, und alle Gebete richten sich dorthin.

Die Bestimmung der Kaaba als dem Ziel der Gebetsrichtung war jedoch ein willkürlicher Entscheid Mohammeds, um den geistigen Mittelpunkt des Islams von dem der Juden zu unterscheiden: „... Und wir haben die Gebetsrichtung, die du (bisher) eingehalten hast, nur eingesetzt, um (die Leute auf die Probe zu stellen und) in Erfahrung zu bringen, wer dem Gesandten folgt und wer eine Kehrtwendung vollzieht (und abtrünnig wird)" (Sure 2, 143). Auf die Allgegenwart Gottes und auf die Bedeutungslosigkeit der Richtung wird an zwei Stellen im Koran hingewiesen: „Gott gehört der Osten und der Westen. Wohin ihr euch wenden möget, da habt ihr Gottes Antlitz vor euch" (Sure 2, 115). Und: „Gott gehört der Osten und der Westen. Er führt, wen er will, auf einen geraden Weg ..." (Sure 2, 142).

Diese Koranverse zeigen, dass die Gebetsrichtung ursprünglich nicht die grosse Bedeutung besass, die ihr später zugewiesen wurde.

Die Kaaba war eigentlich ein vorislamisches Heiligtum, verehrt als Wohnstätte Abrahams und Aufbewahrungsort des heiligen Steines, der vom Himmel herab gesandt wurde. Ursprünglich war sie ein Ort des Gedenkens und des Hütens. Der Islam vermochte ihm keine neuen Sinngehalte zu geben.

Der Stein, der hier verehrt wird, ist zwar himmlischen Ursprungs, befindet sich aber als Gegenstand in unmittelbarer Reichweite der Pilger. Er versinnbildlicht keinerlei höhere Gehalte, noch deutet er auf ein Mysterium. Er ist unmittelbar da, an sich heilig wegen seiner himmlischen Herkunft. Als vorislamisches Heiligtum soll die Kaaba ein rechteckiger Bau ohne Dach gewesen sein mit den Abmessungen: 37 x 22 x 9 m. Der heilige Stein war an der Ostecke des Rechtecks eingemauert. Schon bevor die Kaaba zum Zentrum des Islams erklärt wurde (630), war sie von den Mohammedanern in Besitz genommen (608) und umgebaut worden. Dabei erhielt sie die Gestalt eines fast vollkommenen Würfels.

Cordoba, die Bethalle der Grossen Moschee, gegründet 785. Die Bogenstellungen sind durchwegs zweigeschossig. Die obere Bogenreihe, getragen von Säulen und von auf Konsolen auslastenden Pfeilern, bildet das eigentliche Tragsystem. Die unteren Bogen funktionieren als aussteifende Ele-

mente, ähnlich den Holz- oder Eisenankern der nordafrikanischen Säulenhallen. Mit ihren nahezu 600 Säulen ist die Moschee von Cordoba die grösste der heute noch bestehenden Bethallen der islamischen Welt.

An der Wahl der Kaaba zum Heiligtum des Islams erscheint mir folgendes bemerkenswert:

1. Ein Stein, wahrscheinlich ein Meteorit, also etwas Naturhaftes und Ungestaltetes, wird zum Gegenstand der Verehrung.

2. Es wird keine Mauer um ihn gebaut, kein Dach oder Baldachin über ihn erstellt, sondern er wird in ein rechteckiges Gebilde eingemauert.

3. Dem rechteckigen Gebilde gibt der Islam bereits bei der ersten Restaurierung eine Würfelform.

Der Würfel ist unter den regulären geometrischen Körpern — mit Ausnahme der Kugel — das einzige Gebilde, das folgende Eigenschaften aufweist: Er ist proportionsfrei, er ist richtungsfrei, seine Dimensionen sind dadurch vertauschbar.

Wenn wir bedenken, welche Bedeutung die Würfelform und ihre Eigenschaften in der Weiterentwicklung der islamischen Architektur erhält, so stellen wir fest, dass hier bereits etwas Grundsätzliches zum Ausdruck kommt, was offensichtlich dem islamischen Raumempfinden im tiefsten entspricht.

Die Vier-Iwan-Hofmoschee

Ihre Entstehung in Persien

Mit unwahrscheinlicher Geschwindigkeit breitete sich die arabische Macht gegen Osten aus und mit ihr der islamische Glaube. Die arabische Stützen- moschee jedoch erfuhr keine grosse Entfaltung in den neu eroberten per- sischen und turkestanischen Provinzen. Stützenmoscheen vom Ausmass der Moscheen von Samarra, Kairuan oder Cordoba finden sich im Osten nirgends. Die bis heute erhaltenen wenigen Beispiele dieses Typus, wie etwa die Moscheen Tarikhane in Damghan (8. Jahrhundert) oder die Freitagsmoschee in Nayin (10. Jahrhundert), sind zwar Stützenhallen, zeigen jedoch, verglichen mit den gleichzeitigen Stützenmoscheen im Westen, einen völlig andersartigen Raumcharakter. Beide sind kleiner be- messene, übersichtliche Räume mit wuchtigen Rundpfeilern. In Nayin beispielsweise sind die Stützen sowohl in der Längsrichtung wie in der Querrichtung durch Bogen verbunden und die Joche zum Teil überwölbt. So kommt primär das einzelne Joch als Raumeinheit zur Geltung, und es entsteht keine eindeutige horizontale Raumausdehnung wie in el-Azhar in Kairo oder in der Grossen Moschee in Kairuan.
Am Ende des 11. Jahrhunderts, unter der Seldschukenherrschaft, bildet sich in Persien ein neuer Moscheentypus: Die Vier-Iwan-Hofmoschee.
In der alten Freitagsmoschee von Isfahan (gegründet 1072 unter Malik Schach und nach einem Brand wiederhergestellt um 1150) gelangt dieser neue Typus zum erstenmal zur Verwirklichung.
André Godard, einer der besten Kenner Persiens und Verfasser eines um- fangreichen Standardwerkes über die Kunst in Iran, schreibt in der Ein- leitung des Abschnittes über die islamische Architektur: ,,Die Moschee selbst ist im Grunde eine Sammlung von Übernommenem.'' ... ,,In der Tat hatte der Islam wenig Sinn für die Konstruktion. Man hat nicht nur meistens schlecht konstruiert, sondern man vermochte auch weder archi-

Isfahan, die Freitagsmoschee, gegründet 1070 unter der Herrschaft des Seldschukensultans Malik Schach. Luftaufnahme, Blick gegen Westen. Im Hintergrund links die Gewölbe des alten Basars, der sich schlangenartig Richtung Süden ausstreckt. Im Vordergrund, an der Achse des Hauptiwans, erhebt sich die Gumbadi Charka (erbaut 1088). Dieser Kuppelbau gehörte ursprünglich nicht zur Moschee. Erst im 14. Jahrhundert wurde er durch die Erweiterung der nordöstlichen Bethalle in den Moscheenkomplex einbezogen.

tektonische Formen noch ein Konstruktionssystem zu erfinden. Auch zu einer Verbesserung der angelehnten Formen war man nicht imstande. Von diesem Gesichtspunkt aus lässt sich kein islamisches Monument mit dem Parthenon, dem Pantheon von Rom oder der Kathedrale von Amiens vergleichen ...[25]"

In ihre einzelnen „Bestandteile" zerlegt, erscheint die Freitagsmoschee von Isfahan tatsächlich als eine Zusammenfügung verschiedener Formen und Formkomplexe, die seit dem 6. vorchristlichen Jahrhundert auf dem iranischen Boden zu Hause waren. Sicherlich ist auch die Bemerkung Godards, dass die islamischen Bauwerke keine mit den antiken oder den gotischen Bauten vergleichbaren „Höhepunkte" aufweisen, richtig, wenn man die Bedeutung eines Bauwerkes ausschliesslich an der Originalität seines Formenmaterials, mit anderen Worten am Erfinden neuer Formen,

Isfahan, Freitagsmoschee

Schnitt durch den Hof (Ost-West-Achse) und Grundriss. 1:1500

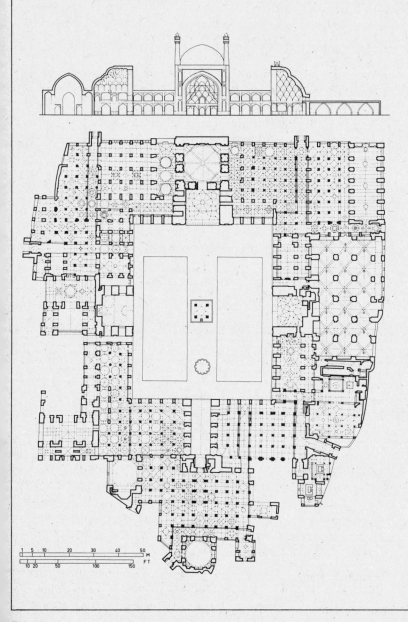

misst. Auch Godards Hinweis auf das Fehlen eines logisch fassbaren, klaren Konstruktionssystems erscheint berechtigt, wenn wir beispielsweise den Hauptiwan der Isfahaner Freitagsmoschee mit einem gotischen Portal vergleichen.

Versuchen wir jedoch die Gestalt der persischen Vier-Iwan-Hofmoschee, wie sie zum erstenmal in der Freitagsmoschee von Isfahan verwirklicht wird, nicht mit vom Pantheon oder von der Kathedrale von Amiens her gewonnenen Massstäben zu bewerten, sondern sie schlicht mit den grossen gleichzeitigen arabischen Stützenmoscheen im Westen zu vergleichen, so erkennen wir eindeutig den Ausdruck einer völlig neuartigen Bauauffassung. Besonders auffallend sind hier zwei Momente, die auf den ersten Blick allem zu widersprechen scheinen, was im vorangehenden Abschnitt als wesentlich für die arabische Stützenmoschee festgestellt wurde:
1. Die Systematisierung des Grundrisses (Kreuzachsenordnung).
2. Ein neuer Sinn für Grösse, Pracht und Schönheit.

Das Kreuzachsensystem

Über die Herkunftsfrage der einzelnen Bestandteile der persischen Moschee möchte ich mich kurz fassen, da diese Fragen von hervorragenden Kennern des islamischen Irans ausführlich behandelt worden sind[26]. Kurz zusammengefasst sind sowohl die monumentalen Innenhöfe wie auch die Iwane auf die altpersische Palastarchitektur zurückzuführen; die Grundidee des kuppelgewölbten Michrabraumes stammt aus dem altpersischen Feuertempel (Tschar-Thak). Auch die Verbindung eines Kuppelraumes mit einem davorgestellten Iwan, wie wir sie fast ohne Ausnahme in allen persischen Moscheen treffen, ist eine Kombination, die in der persischen Palastarchitektur häufig vorkommt (Sarwistan, Kasri Schirin, Damghan usf.).

Das turkestanische Wohnhaus (mittlerer Kuppelraum mit zentralsymmetrisch angeordneten Seitenräumen) gehört, was die ostpersischen Provinzen betrifft, ebenfalls zu den massgebenden Vorbildern. Nicht nur die Höfe der persischen Paläste, sondern auch die Arkadenhöfe der buddhistischen oder nestorianischen Klöster in Ostturkestan mögen die seldschukischen Baumeister beim Anlegen ihrer Moscheenhöfe inspiriert haben.

Tafeln 8 und 9 sollen hier helfen, einen Überblick über die erwähnten Ergebnisse der bisherigen „Ahnenforschung" zu gewinnen. Ein kurzer

Blick auf diese Tafeln zeigt uns sofort, dass in der Isfahaner Freitagsmoschee tatsächlich, wie André Godard bemerkt, „nichts neu erfunden" wurde. Doch die Verflechtung dieser entlehnten Bestandteile geschieht in der Freitagsmoschee von Isfahan nach einem neuen Ordnungsprinzip, das in keinem der genannten Vorbilder vorhanden ist. Eine Ausnahme bildet freilich der Palast in Assur mit seinem trapezförmigen Vier-Iwan-Hof. Doch die Grössenverhältnisse zwischen dem Hof und den Iwanen wie auch die glatten Wände ohne Arkaden zeigen keinerlei Ähnlichkeit mit dem Hof der Freitagsmoschee von Isfahan. Nach der Gründung dieser Moschee wird der Vier-Iwan-Hof in der Kreuzachsenordnung zu einer Formel für die Freitagsmoschee überhaupt und bleibt bis ins 19. Jahrhundert unverändert.

Diese Tatsache erscheint um so bemerkenswerter, wenn wir daran denken, dass die Idee des Achsenkreuzes die Bedeutung der vorgeschriebenen Gebetsrichtung nach Mekka geradezu entwertet, dass, mit anderen Worten, diese neue Ordnung der Funktion der Moschee als Bethalle eigentlich widerspricht.

Die Art, wie die oben erwähnten altpersischen Bauformen sich in der Freitagsmoschee von Isfahan ineinander verflechten, hat ihre eigene Geschichte. Mit Geschichte meine ich jedoch nicht etwa die chronologische Abfolge der sogenannten Vorstufen. Nach der Islamisierung Persiens bis zur Etablierung des Seldschukenreiches entstehen in den verschiedenen Landschaften Persiens Moscheen, die aus Kombinationen von bloss zwei oder drei der ursprünglichen Bestandteile bestehen: Die Moschee in Ardabil und die Musalla[27] in Turuk (Kuppelraum und Iwan davor, kein kuppelgewölbter Haramraum).

Mit den Tafeln 8 bis 11 habe ich versucht, über den Verlauf der Geschichte des Moscheenbaus vor und um die Zeit der Isfahaner Freitagsmoschee einen Überblick zu geben.

Bei genauerer Betrachtung dieser Tafeln fällt folgendes auf:

1. Die Verbindung des kuppelgewölbten Michrabraums mit dem vorgestellten Iwan wird von Anfang an aufgenommen und wird zu einer unabänderlichen Formel (Ardabil, Turuk, Sawe, Semnan, Zaware, Ardistan u. a.).

2. Versuche, den kuppelüberwölbten Michrabraum mit der herkömmlichen Stützenhalle der arabischen Moschee auf eine systematische Weise zu verbinden, gelangen kaum zu einer endgültigen Lösung. Die Michrabräume aller dieser Moscheen führen ein Eigendasein inmitten der sie umgebenden Stützenhallen.

Yazdikawst, Feuertempel	Hatra, Palast, 1.—2. Jh.	Damghan, Palast	Firuzabad, Palast, 226
Merw, Dar el-Imara, 8. Jh., schematische Darstellung	Rezaiye, Moschee	Turuk, Musalla, 9. Jh.	Gulpaygan, Freitagsmoschee, 12. Jh.
Barsian, Moschee	Baschar, Moschee, 9.—10. Jh.	Ardabil, Freitagsmoschee, 9. Jh.	Niriz, Freitagsmoschee, 12. Jh.
	Tachlatan Baba, Musalla	Tayabad, Grabmal	Furmad, Freitagsmoschee, 13. Jh.

Assur, Palast

Turkestan,
Wohnhaus,
schematische
Darstellung

Persien: Die frühen Moscheen

1:3000

Zu den Tafeln 8 und 9: Die obere Reihe
zeigt die Grundrisse verschiedener Bauten
aus dem vorislamischen Persien. Die einzelnen Formen und Elemente dieser Bauten
werden in frühislamischen Moscheenbauten
Persiens in verschiedenartigen Kombinationen angewendet.
Zwischen dem 9. und 11. Jahrhundert treffen
wir sie von Turkestan bis zum Urmiye-See,
vom Südfuss der Elbruzkette bis Fars und
Afghanistan, in allen Provinzen des Landes.
In der Freitagsmoschee in Isfahan ereignet
sich schliesslich die vollständige Synthese all
dieser Elemente der oberen Reihe, die für
die Moscheenarchitektur der folgenden Jahrhunderte kanonische Bedeutung erlangt.

Sawe, Freitags-
moschee, 1100

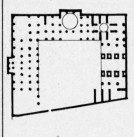

Nayin, Freitags-
moschee, 960

Semnan, Freitags-
moschee

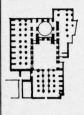

Damghan,
Tarikhane, 8. Jh.

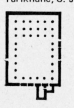

Isfahan, Freitagsmoschee

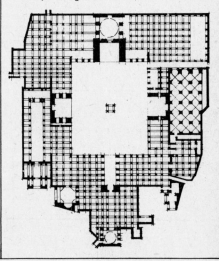

3. In Persien zeigt sich von Anfang an eine eindeutige Neigung zur Zentral-symmetrie.
Längsgerichtete Bauten mit nur zwei Iwanen und ohne Kuppel kommen zwar auch vor. Dieser Typus bleibt jedoch auf die östlichen Gebiete Persiens beschränkt und tritt nach dem Anfang des 13. Jahrhunderts kaum mehr in Erscheinung (Bamyan, Furmad, Sebzewar). Nach dem Anfang des 13. Jahrhunderts werden diese verschiedenen Moscheentypen in die Form der Vier-Iwan-Hofmoschee integriert. Die Freitagsmoschee von Isfahan ist der erste grosse Bau dieses Typus.

Dieser kurze Überblick zeigt ein der Geschichte der arabischen Moschee geradezu entgegengesetztes Bild:

Dort über Jahrhunderte hinweg eine Unentschiedenheit in der Grund-rissbildung; hier von Anfang an das Sich-Durchsetzen eines bestimmten Ordnungsprinzips, nämlich *des Achsenkreuzes.* Die Kreuzachsenordnung bestimmt von nun an die Gestalt der Vier-Iwan-Moschee. Der Kuppel-raum im Haram — der Michrabraum — ist zwar ein wesentlicher Bestand-teil der Moschee, er wird aber im Moscheenkomplex dem Vier-Iwan-Hof unterstellt.

Höfe mit vier Iwanen erscheinen jedoch in Persien nicht zuerst im Mo-scheenbau. Unter der Herrschaft des Seldschukensultans Malik Schach und seines Wesirs Nizam el-Mulk entstehen in Tuz, Nischapur und Bag-dad eine Reihe von sunnitischen Medresen nach einem ähnlichen Grund-rissschema. Auch die ostseldschukischen Karawansereien haben mei-stens Höfe mit vier Iwanen[28]. Diese Angleichung der Grundrisse von Bau-ten, die völlig verschiedenen Zwecken dienen, ist eine Erscheinung, die auf Persien beschränkt bleibt. Medresen mit Vier-Iwan-Höfen kommen beispielsweise im 13. Jahrhundert in Kairo häufig vor, sie beeinflussen jedoch die Gestalt der arabischen Stützenmoschee kaum. Im seldschuki-schen Anatolien hingegen sind Medresen mit Vier-Iwan-Höfen ziemlich selten (Gök-Medrese in Siwas, Tschifteminare in Erzerum); Moscheen die-ses Typus sind nirgends anzutreffen. Auch die grossen anatolischen Kara-wansereien haben meistens nur einen einzigen Iwan.

A. U. Pope weist mit Recht darauf hin, dass die Moschee in der mittel-alterlichen islamischen Stadt nie eine rein sakrale Stellung innehatte, die sich etwa mit der eines antiken Tempels oder einer gotischen Kathedrale vergleichen liesse: ,,... ausserdem war die Moschee eine politische Einrich-tung und besass grossen Einfluss, auch diente sie verschiedenen anderen Zwecken. Hier wurden unter anderem königliche Erlasse, Kriegsmeldun-gen, Aufforderungen zum Wehrdienst, Steuerforderungen und -erhöhungen angeschlagen. Herrscher beriefen sich hier auf ihre Macht und verdammten im Namen des Islams ihre Feinde. Im Freitagsgebet erwähnt zu werden, war das Zeichen höchster Machtfülle. Die Moschee stand, und dies seit ihren Anfängen, stets in enger Verbindung mit dem Leben des Bürgers. Sie wurde oft völlig in das Geschehen der Stadt einbezogen und in gewissen Fällen zu ihrem Brennpunkt ...[29]."

Dazu wäre ergänzend zu bemerken, dass auch die Medresen und Karawansereien nicht als reine Zweckbauten verstanden werden dürfen. Sie waren fromme Stiftungen, das heisst Geschenke der Sultane und ihrer Wesire für das Gemeinwohl. Die Stiftung solcher gemeinnützigen Bauten ist ein islamisches Gebot. Auf diese für die Entwicklung der Baukunst im Islam sehr wichtige Frage werde ich später zurückkommen.

Ob Moschee, Medrese oder Karawanserei, vom Zweck und von der Funktion aus gesehen, ist es kaum zu verstehen, weshalb der Hof mit vier Iwanen im Achsenkreuz eine formbestimmende Bedeutung erhielt. Fragen wir dabei, welcher von diesen drei Baugattungen die Kreuzachsenordnung am meisten entsprach, so lautet die Antwort eindeutig: am wenigsten der Moschee.

Höfe, sogar solche mit immensen Dimensionen, hatten auch die arabischen Moscheen; doch der Stellenwert des Hofes in der persischen Moschee ist ein ganz anderer. Es geht hier nicht bloss um eine Aufwertung des Hofes. Der Hof der persischen Moschee ist ihr eigentliches Zentrum. Der Hof ist hier weder Lichthof, wie bei den meisten arabischen Moscheen, noch Vorhof, ähnlich dem Atrium der frühchristlichen Basilika oder den Höfen der osmanischen Sultanmoscheen.

Hinter den vier Iwanen der persischen Moschee, die sich im Achsenkreuz präsentieren, gruppieren sich verschiedenartige, aber auch verschiedenrangige Räumlichkeiten. Hinter dem Südwestiwan (Kiblaseite) der Michrabraum mit einem repräsentativen Kuppelgewölbe, flankiert von seitlichen Bethallen, die sich in der Querrichtung ausdehnen; hinter dem Nordwest- und Südostiwan hingegen längsgerichtete Bethallen, oft mit anderen Stützenabständen und andersartigen Wölbungsformen. Diese drei Iwane sind Portale, die in die Bethallen führen. Einzig der Nordostiwan, hinter dem sich meistens der Haupteingang der Moschee befindet, hat eine abschliessende Rückwand (vgl. Skizze). Betrachtet man die Grundrisse der Moschee von Isfahan, Ardistan, Nantanz oder Zaware etwas genauer, so stellt man fest, dass die Kreuzachsenordnung die Gestalt des Hofes zwar bestimmt, aber für eine funktionsgerechte Organisation der eigentlichen Beträume nicht brauchbar ist. Die Iwane unter sich zeigen keine merkli-

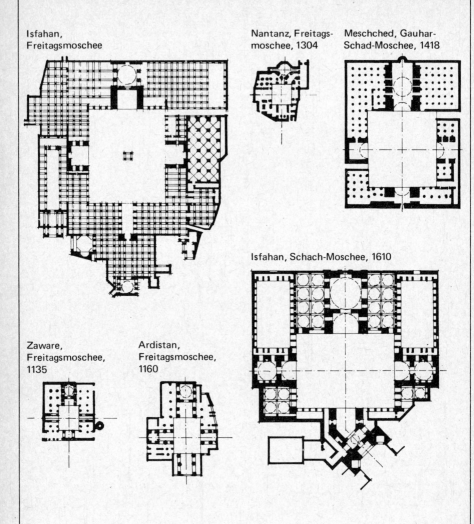

Isfahan,
Freitagsmoschee

Nantanz, Freitags-
moschee, 1304

Meschched, Gauhar-
Schad-Moschee, 1418

Isfahan, Schach-Moschee, 1610

Zaware,
Freitagsmoschee,
1135

Ardistan,
Freitagsmoschee,
1160

Zu den Tafeln 10 und 11: Der in Kreuzachsen angelegte Vier-Iwan-Hof weist vom 11. Jahrhundert an keine prinzipielle Neuerung mehr auf. Alle diese Beispiele zeigen, dass die Gestalt des Hofes von der Anordung der ihn umgebenden Bethallen unberührt bleibt und seine Bedeutung als das eigentliche Zentrum der Moschee weiter behält. Höfe mit vier Iwanen finden sich nicht nur in der Moscheenarchitektur. Die zeitgenössischen Medresen und Karawansereibauten haben auch Vier-Iwan-Höfe. Die beiden ältesten Medresen, Nizamiye in Chargirt und Nizamiye in Bagdad, sind ungefähr gleichzeitig mit der Isfahaner Freitagsmoschee entstanden, so auch die Karawanserei Robat Kerim.

Persien: Karawansereien und Medresen

Robat Kerim,
Karawanserei, 10. Jh.

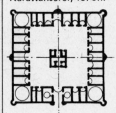

Robat Scherif,
Karawanserei, 1155

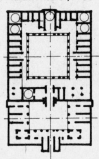

Bagdad, Mustansiriye-
Medrese, 13. Jh.

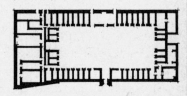

Samarkand,
Bibi Hanum, 1399

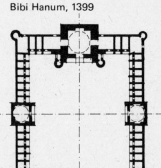

Chargirt, Nizamiye-
Medrese, 11. Jh.,
Rekonstruktions-
versuch

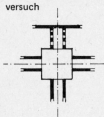

Sertham,
Karawanserei, 1333

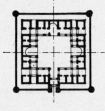

Isfahan, Karawanserei und Medrese des Schach Sultan Hussain, 1706

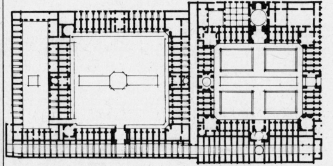

Samarkand,
Schir-Dar-Medrese,
1610

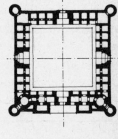

che Rangstufung, obwohl sie in ihren Abmessungen und in ihrer Dekoration immer verschieden sind. Die unabänderliche Symmetrie des Hofes findet keine Entsprechung in bezug auf die Organisation der Beträume. Diese können, ähnlich denen der arabischen Moscheen, beliebig erweitert werden. Unwandelbar bleibt einzig die Gestalt des Hofes. (Vgl. Grundriss der Freitagsmoschee in Isfahan.) Die persische Moschee zeigt sich dem Stadtbewohner von aussen her niemals als ein architektonisches Gebilde. „Die Grenzen zwischen dem Moscheekomplex und den umgebenden Zivilbauten sind wandelbar" (A. U. Pope). Man erkennt die Moschee von der Strasse her nur an ihrem Portal, die Aussenmauern verschwinden hinter den Läden, Handwerkerzellen und Basarstrassen, die die Moschee umgeben.

Der Hof der Moschee ist der einzige Ort, von dem aus die Moschee sich dem Gläubigen als architektonische Einheit präsentiert; der Hof ist also *Innenraum und Aussenraum* zugleich. Der Betretende macht hier eine Erfahrung, die der Erfahrung eines Zentralraumes diametral entgegengesetzt ist. Er empfindet die Mitte, die oft durch ein flaches Wasserbassin betont wird, nicht als sammelnd, sondern als Zentrum einer Bewegung, die in vier einander entgegengesetzten Richtungen auseinanderstrebt.

Ernst Diez bezeichnet die Gestalt des persischen Moscheenhofes als eine „Mischung", eine Verkoppelung des urpersischen Hofsystems mit den Stützenhallen der arabischen Moschee: „Zum Verständnis dieses persischen Moscheetypus müssen wir Gestalt, Ursprung und Zweck der Medrese kurz erörtern. Das Wort bezeichnet einen Ort, an dem gelehrt wird ... Die Gebäude waren Konvente, in denen neben den gemeinsamen Gebeten auch theologischer Unterricht erteilt wurde. Ihrem Zweck nach war die Medrese nicht persischen, sondern türkischen Ursprungs und entsprang dem Bedürfnis der sunnitischen Orthodoxie nach Pflanzstätten ihrer Lehren. Da sich die türkischen Dynastien zum Beschützer der Sunna aufwarfen, fand die Medrese mit den seldschukischen, mongolischen und timuridischen Dynastien ihre Verbreitung in Persien, Turkestan und Kleinasien, mit den aijubidischen und mamelukischen auch in Ägypten ... Die Gestalt der Medrese als Zellenhof war im indischen Kloster (Vihara) längst vorgebildet. Ihre monumentale Ausbildung erhielt sie aber in Persien durch Einbeziehung der hohen Iwane im Achsenkreuz und streng symmetrische Ordnung der Zellen, meist in zwei Stockwerken ...[30]" Nach Diez ist also Zweck der Medrese die Verbreitung der sunnitischen Lehre durch die Türken in Persien, ihre Gestalt geht auf das indische Kloster zurück. Diese Aussagen erklären die Herkunft und die Frage, warum un-

Isfahan, die Freitagsmoschee, die nordöstliche Bethalle.

ter den Seldschuken und Mongolen in Persien so viele Medresen gebaut wurden. Zwei wesentlichere Fragen bleiben dabei offen: 1. Wie kam es dazu, dass die vier Iwane (in der Medrese dienen sie als Hörsäle) in der Kreuzachsenordnung einander gegenübergestellt wurden? 2. Weshalb hat die Moschee die Gestalt der Medrese übernommen? So sehr solche oder ähnliche ableitende Erklärungen den Tatsachen entsprechen mögen, so gering ist jedoch die Aussicht, durch diese kausale Denkmethode dem Sinn und der Bedeutung architektonischer Ereignisse auf den Grund zu kommen.
Eine andere Erklärung für den Vier-Iwan-Hof, die man fast in allen Ab-

Isfahan, die Freitagsmoschee, die Rippenwölbung eines der Joche der südwestlichen Bethalle. Die Rippenkonstruktionen erinnern an die seitlichen Kuppeln der Maksura von der Grossen Moschee in Cordoba.

handlungen über die persische Moscheen- und Medresenarchitektur findet, ist die folgende: Die Vier-Iwan-Medrese ging der Moschee voraus, und man habe diesen Grundrisstypus für die sunnitische Medrese gewählt, weil die sunnitische Lehre sich in vier verschiedenen Richtungen entwikkelt hat. Nach ihren Gründern und Interpreten genannt: Die schaafitische, die hanafitische, die hambalidische und die malikidische. Vier Iwane also für die vier verschiedenen Lehren, die am gleichen Ort gelehrt wurden. Dem wäre zu entgegnen, dass auch die schiitischen Heiligtümer in Persien (Meschched und Qum) die gleiche Grundrissform haben und beim Errich-

ten der Schach-Moschee in Isfahan (der ersten Königsmoschee der schiitischen Safawidendynastie) der Vier-Iwan-Hof keinerlei Veränderung erfuhr. Dergleichen Ableitungen lenken uns von der Frage nach dem Sinn
und der Bedeutung der Formen eher ab, wie auch die Theorien über die
Herkunft und Rezeption der Bauformen mit ihren sachlich richtigen Feststellungen immer wieder ein eigentliches Verständnis der Tatsachen verschleiern. Die Fragen nach Herkunft und Rezeption der Bauformen führen
uns anderseits in Versuchung, der nationalen Eigenart zu viel Gewicht zu
geben. „Hüten wir uns, unsere nationalistischen Vorstellungen aus dem
19. Jahrhundert auf das Asien des 8. Jahrhunderts zu übertragen", bemerkt warnend der italienische Orientalist Alessandro Bausani. Bevor ich
der Frage, weshalb der Vier-Iwan-Hof in Kreuzachsenordnung zur Grundform der Moschee in Persien wurde, weiter nachgehe, möchte ich einige
Gedanken dieses ausgezeichneten Persienkenners hier anführen: „Der
gleichmacherische und vereinfachende Islam bereicherte sich in der Tat
um die Elemente der persischen Kultur, blieb aber selbst immer der assi-
milierende und beherrschende Teil, so dass jene Elemente, von denen viele persische Nationalisten glauben, sie stolz isolieren zu können, als un-
verbundene Bruchteile erscheinen, wenn sie eines nach dem anderen her-
ausgestellt und aus dem fundamentalistischen islamischen Komplex gelöst werden ... Es ist deshalb falsch, den Islam mit dem ‚Arabertum' gleich-
zusetzen, und ebenso falsch zu glauben, alle guten Elemente des Islams
rührten aus dem ‚Iranismus' her. Der Islam ist ein handfester Monotheis-
mus, verbunden mit einer umfassenden synkretistischen Kultur, und eines
ihrer fundamentalen Elemente ist das Iranische ... In der persischen Eroberung fassen wir eine lebendige Phase der Formation des Islams ... Der
Islam Mohammeds war nur eine Möglichkeit des Islams: erst mit der Eroberung Persiens und des nahen Ostens entstand der eigentliche Islam ...
In den Epochen der Parther und Sassaniden strömte gnostisches, christli-
ches und manichäisches Gedankengut ein. Der Gedanke an einen rein ari-
schen Iran ist illusionär. Die Islamisierung des Irans ist daher weniger
seltsam als wunderbar. Ausserdem stellte die islamische Religion mit ihren
antimetaphysischen, praktisch ethischen Elementen, ihren gegen die Tradition gerichteten voluntarischen und sozial ausgleichenden Zügen,
trotz allen ihren Fehlern gegenüber der archaischen iranischen Tradition,
ein modernes und demokratisches Element dar ... Der Islam verachtete
wie das Christentum das Kastenwesen der alten Kulturen ... Es ist oft gesagt worden, dass der Hof des türkischen Herrschers Machmud in Ghazna
ein glänzendes Zentrum der persischen Kultur war; man hätte dabei viel-

leicht besser von muselmanischer Kultur gesprochen. Die Kanzleisprache des Hofes von Ghazna war arabisch ...[31]"

So weit die Ausführungen von Bausani. Die Bezeichnung „persische Moschee" wäre demnach richtiger durch die Bezeichnung „die Moschee in Persien" zu ersetzen. Die ersten Initianten und Bauherren dieses Typus waren die seldschukischen Türken. Ihr Glaube war arabischen Ursprungs, das Formenmaterial, dessen sie sich bedienten, entlehnten sie dem Altpersischen. Durch ihre monumentalen Bauten bezweckten sie, die sunnitische Lehre in Persien zu verbreiten und zu etablieren. Die neue Gestalt der Moschee wurde später Grundform der persischen Moschee überhaupt. Die safawidische Dynastie, die die schiitische Lehre zum offiziellen Glauben im Lande erhob, bediente sich für ihre monumentalen Moschee- und Medresebauten (Isfahan um die Zeit von Schach Abbas) bedenkenlos des gleichen Schemas. Türkische Herrscher, von dem neuen arabischen Glauben angefeuert, bauten ihre Moscheen in „persischer Sprache", während der persische Arzt und Philosoph Ibn Sina (Avicenna) sein Werk in arabischer Sprache niederschrieb.

Die Gestalt der persischen Moschee

„In der Vielheit der Verhältnisse gibt es ein einziges, welches unveränderlich ist: die rechtwinklige Position ... die Offenbarung des ,Unwandelbaren'."   Piet Mondrian[32]

Nun möchte ich den Fragen nachgehen, warum die Hofmoschee mit vier Iwanen an den Kreuzachsen zur Grundform der seldschukischen Moschee in Persien wird und warum dieses Schema, einmal auf eine Formel gebracht, über siebenhundert Jahre hinweg keinerlei Abwandlung erfährt. Da diese neue Gestalt der Moschee nicht von den kultischen Gegebenheiten aus zu erklären ist, ja die Form des Vier-Iwan-Hofes den kultischen Erfordernissen geradezu widerspricht, muss ihre Bedeutung in einer tieferen Schicht liegen: Was zeichnet sich hier in der nach allen Himmelsrichtungen gleichmässig sich ausbreitenden Raumbewegung ab?

Was manifestiert sich in der Erscheinung der mächtigen Iwane, die dieser Bewegung entgegentreten, sie eindämmen und zurückstrahlen?

Der Vier-Iwan-Hof ist im islamischen Mittelalter das Zentrum der Moschee, aber gleichzeitig auch der Medrese und des Karawanserei. Die Funktion der Iwane ist aber bei jeder Baugattung eine andere. In der Medrese sind sie Hörsäle, also keine Durchgänge (Portale), sondern Aufenthaltsräume. Hinter den Blendarkaden, die den Hof umgeben, befinden sich die einzelnen Wohnzellen für die Studierenden. Ähnlich auch im Karawanserei:

hier sind die Iwane Gemeinschaftsräume für die Reisenden, und auch hier wird der Hof von den Schlafräumen der Gäste umgeben.
Wie bereits erwähnt, hat der Iwan der persischen Moschee seinen Ursprung im Thronsaal der altpersischen Königspaläste (Firuzabad, Sarwistan, Taki Chusrev). In seiner ursprünglichen Form stellt aber der Iwan eine Art „Bühne" dar, er ist ein nach aussen sich öffnender Raum. Die offene Seite, das heisst die Schauseite, befand sich selten an einer Hoffassade, sondern meistens an der Aussenwand des Palastes (Sarwistan, Kasri Schirin, Taki Chusrev). Diese Räume dienten dazu, dem thronenden Herrscher einen prunkvollen Rahmen zu geben, ihn von seiner unmittelbaren Umgebung zu isolieren, seine Gegenwart in eine unnahbare Sphäre zu rücken: „Inmitten des riesigen Thronsaales sass hoheitsvoll der sassanidische König, der König der Könige, angetan mit einem goldbestickten blauen Gewand. An goldenen Ketten hing gerade so, dass sein Haupt leicht berührt wurde, eine sechshundert Pfund schwere, mit Juwelen belegte Krone. Der weite Raum vor seinem Throne war von einem der herrlichsten Teppiche bedeckt. Er war aus Seide, mit Gold und Silber durchwirkt und übersät von tausenden funkelnden Edelsteinen und stellte den Frühling im Paradiese dar ...[33]"
Hier ereignete sich die feierliche Begegnung der Untertanen mit dem absoluten Machthaber. Die Fassade des Palastes öffnete sich sozusagen, und der Herrscher erschien in seinem eigenen „Rahmen". So konnte er, den nötigen Abstand bewahrend, sich seinen Untertanen zeigen und ihre Huldigungen entgegennehmen.
Als Parallele dazu, wenn auch nicht als Manifestation von Macht, wären auch die Chöre der frühchristlichen und der spätbyzantinischen Kirchen zu nennen, deren Ursprung allerdings nicht in den Thronsälen der persischen Paläste, sondern in der Exedra der heidnisch-römischen Basilika zu

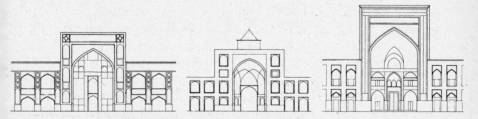

Persische Iwane aus verschiedenen Jahrhunderten. Links: Meschched, Gauhar-Schad-Moschee (15. Jahrhundert). Mitte: Isfahan, Schach-Moschee (17. Jahrhundert). Rechts: Meschched, Imam-Reza-Heiligtum (18. Jahrhundert).

suchen ist[34]. Das Querhaus der christlichen Basilika galt als Thronsaal Christi: „Der Bischof stand für die Gemeinde an Gottes Statt und war ‚wie der Herr selbst' anzusehen. Demnach musste sein im Hintergrund des Presbyteriums stehender Thron, den literarische Stellen und Bauinschriften als solchen bezeichnen, in gewissem Sinne als Thron Christi gelten[35]."

Die Gegenwärtigkeit des Göttlichen wurde in Byzanz, besonders nach der Überwindung des Bildersturmes, unmittelbarer. Überdimensionierte bildliche Darstellungen des Pantokrators erschienen in den Halbkuppeln der Chöre und in den Kuppeln der Mittelräume (Monreale, Cefalù, Daphni). In diesen Räumen sind die Wände und Gewölbe nicht mehr blosse Rahmen, die das Bild der Heiligen umgeben. Die Gestalt Christi und die Grenzen des Raumes schmelzen zusammen, die Umrisse der Architektur werden in der Erscheinung Christi aufgehoben.

Wenn auch auf zwei ganz verschiedenen Ebenen wirkend, so sind doch die Thronsäle der Perser und die Chöre der spätbyzantinischen Basiliken in einem Punkt vergleichbar: Beide sind architektonische Rahmen, die zur Begegnung eines Höheren mit einer anonymen Gruppe dienen.

Der Iwan der persischen Moschee hingegen ist in erster Linie ein Durchgang: *ein Tor.*

Es ist interessant zu beobachten, dass solche mächtige Torbauten im Osten und im Westen gleichzeitig auftreten. Der Südiwan der Freitagsmoschee von Isfahan, der älteste der persischen Iwane, ist 1070 und der Nordiwan der gleichen Moschee 1150 datiert. 1150 ist auch das Entstehungsjahr der Porte Royale der Kathedrale von Chartres, die zum Prototyp für die gotischen Kathedralportale wurde.

Gerade die Assoziation mit der Gotik macht uns deutlich, wie verschieden die Bedeutung vom Tor im Islam und dem im christlichen Westen war. Ich möchte versuchen, die Andersartigkeit der islamischen Vorstellung vom Tor, wie es in der Form des Iwans in Kreuzachsenordnung in Erscheinung tritt, an den Beispielen der Isfahaner Freitagsmoschee und der Kathedrale von Chartres aufzuzeigen.

In Chartres ist das „Königsportal" der Eingang zum Hochschiff, die Süd- und Nordportale sind Eingänge zum Querschiff. Alle drei Portale führen zum gleichen Ziel: zur Vierung. Der Innenraum hat seine Mitte in der Vierung. Die Vierung ist das Zentrum, der architektonische Höhepunkt des Innenraumes. Die Dreigliederung des Süd- und Nordportals entspricht den Abmessungen des dreischiffigen Querhauses. Das Königsportal bildet hier eine Ausnahme, weil das neue, nach dem Brand des alten Hochschif-

Isfahan, die Schach-Moschee, der Hauptiwan mit Doppelminarett. Hinten die Kuppel des Vormichrabraumes.

fes gebaute Hochhaus viel breiter konzipiert wurde. Bis in die kleinste Einzelheit entspricht die Wandgliederung der Hoch- und Querschiffe dem Aufbau des äusseren Strebewerkes. Hingegen nicht nur die Freitagsmoschee von Isfahan, fast keine der persischen Hofmoscheen ist von aussen als Ganzes erkennbar. Einzig ein monumentales Iwanportal markiert die Existenz einer Moschee gegen aussen. Die Moschee selbst bleibt unsichtbar hinter den niedrigen Bauten, die sie allseitig umgeben. Nur wenn man einen gewissen Abstand nimmt, bemerkt man die Kuppel des Vormichrabraumes, die über den niedrigen Dächern der Anbauten zu schweben scheint.

Die Freitagsmoschee von Isfahan betritt man heute von den östlichen Pfeilerhallen her. Wahrscheinlich lag der ursprüngliche Eingang früher an der Nordseite[36].

Wir dürfen jedoch nicht annehmen, dass der Nordiwan jemals als Eingang gedient habe, und zwar deshalb nicht, weil wir weder bei den anderen seldschukischen Moscheen noch bei den späteren Moscheenanlagen der Timuriden oder Safawiden einen Nordiwan in dieser Funktion treffen.

In Zaware liegen die Eingänge an den Ost- und Westseiten. In Nantanz befindet sich der eine Eingang an der Nordostecke, der zweite links vom Nordiwan; in Ardistan an der Rückseite des Westiwans (Tafeln 10 und 11).

Fast alle Nordiwane haben eine Rückwand, sind tonnengewölbt und erfüllen meistens die Funktion einer offenen Bethalle. Wenn auch bei den späteren Moscheen das Eingangsportal sich unmittelbar hinter dem Nordiwan befindet (Schiras, Meschched u. a.), wird die Rückwand des Nord-

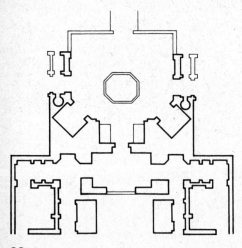

Schematische Zeichnung des Eingangs einer persischen Moschee. Nordiwan und Eingangsiwan werden „Rücken an Rücken" gestellt, und der Betretende wird durch seitliche Gänge in den Hof geführt.

iwans nie durchbrochen; die Wege in den Moscheehof werden hinten herum geführt (vgl. Skizze). In den seldschukischen Moscheen erscheint die Plazierung der Eingänge wie zufällig. Am Anfang des 17. Jahrhunderts, mit der Schach-Moschee in Isfahan, entsteht dann eine Art „Formel" — zwei Iwane „Rücken an Rücken" —, die bis Ende des 18. Jahrhunderts keinerlei Änderung mehr erfährt. Dies zeigt eindeutig, dass hier die Entstehung einer Längsachse vorsätzlich vermieden wird und man sich stets darum bemüht, die Kreuzachsenordnung, mit andern Worten die *Gleichwertigkeit der vier Richtungen,* nicht zu stören. Wir werden durch die Moschee hindurch geführt, um sie, erst im Hofe stehend, als ein zentralsymmetrisch angelegtes Gebäude um uns herum zu erfahren.

Die Art und Weise, wie im Hof der persischen Moschee die beiden Achsen sich im rechten Winkel schneiden und die Mitte markieren, widerspricht nicht nur der Idee der Vierung einer gotischen Kathedrale, sondern ist jeglicher Vorstellung eines Zentralraumes entgegengesetzt.

Vom altpersischen Feuertempel über die Vierungen von romanischen oder gotischen Kathedralen bis zu den Zentralbauten der Renaissance, überall da, wo eine zentralsymmetrische Ordnung zugrunde liegt, ist die Mitte sammelnd. Die Bewegung im Raum wird bei keinem von diesen Bauwerken als eine Bewegung von der Mitte weg, sondern immer als eine Bewegung auf sie zu erfahren. Sogar der römische Tetrapylon, durch den Strassen in vier Himmelsrichtungen ziehen, erscheint, wenn man sich hinein begibt, primär als ein Sammelpunkt.

Der Hof der persischen Moschee aber hat, trotz seiner zentralsymmetrischen Ordnung, keinen eigentlichen Mittelpunkt. Der Hof selber ist zwar das Zentrum der Moschee, jedoch ohne jene sammelnde Funktion, die den Vierungen der mittelalterlichen Kathedralen eigen ist. Die zentralsymmetrische Ordnung des Hofes wird hier nicht von der Mitte, sondern von den Rändern her deutlich. Die Iwane kehren dem Inneren der Moschee den „Rücken" und wenden sich dem Hof zu. Durch ihre Gestalt suggerieren sie die Kreuzachsenordnung und damit die Gleichwertigkeit der vier Seiten. Sie zeigen sich gegen den Hof in der Funktion von Toren. Die Räume jedoch, die sich hinter diesen gleichwertig erscheinenden „Torbauten" befinden, sind nicht von gleichem Rang und dienen nicht immer dem gleichen Zweck. Die Wände, die den Hof umgeben, und die Plazierung der vier Iwane erscheinen also nicht von der Organisation des Inneren, sondern nur von der Gestaltungsidee des Hofes aus sinnvoll. Die brettartige Vorderwand und die mächtige Spitzbogenöffnung des Iwans ist es, was der im Hof Stehende als ersten Eindruck empfängt. Dieser Eindruck ist unabhängig von den Wölbungsformen, unabhängig auch von der faktischen Bestimmung des einzelnen Iwans. Es wurde bereits darauf hingewiesen, dass nur drei der vier Iwane Eingang in die Moschee ermöglichen, der Nordiwan hingegen die Aufgabe erhielt, den direkten Eintritt in den Moscheehof zu verhindern.

Im Hof, zwischen den vier „Toren" stehend, empfinden wir die Mitte als einen fiktiven Punkt, von dem aus „Wege" in vier Himmelsrichtungen auseinanderstreben. Die Mitte wird bezeichnenderweise meistens mit einem grossen Wasserbassin angedeutet. Es ist, als ob die gleichmässig nach allen Himmelsrichtungen ausströmende Raumbewegung der arabischen Bethallen im Hof der persischen Moschee zusammengeflossen wäre und sich in vier Hauptrichtungen kanalisiert hätte.

Man hat in der fast siebenhundertjährigen Geschichte der persischen Moschee kaum versucht, zwischen den Elementen der Bethallen und der Hoffassaden eine systematische Entsprechung herzustellen. Die Haramtrakte dieser Moscheen, mit der Kuppel in der Achse des Südwestiwans, scheinen allerdings auf den ersten Blick dieser Behauptung zu widersprechen. Die Durchmesser der Kuppel und des Südwestiwans haben meistens die gleichen Abmessungen und scheinen eine Einheit zu bilden, im Sinne von Hauptraum und Tor. Diese Feststellung stimmt zwar beim Lesen des Grundrisses, in der Raumwirkung jedoch bleiben der Michrabraum und der Hof zwei unabhängige Zentren. Der Südwestiwan, der im Grundriss als ein Verbindungsglied zwischen dem Hof und dem Michrabraum erscheint, wirkt im Raumerlebnis als ein Teil des Hofes. Seine dem Hof zugewandte Gestalt verhindert, dass zwischen dem Hof und dem Michrabraum eine spürbare Längsachse entsteht. Das Vorhandensein eines hohen Kuppelraumes hinter dem Südwestiwan stört die strenge Zentralsymmetrie des Hofes kaum. Der Hof mit seinen immensen Dimensionen und seiner Farbenpracht behält immer den Vorrang gegenüber dem Michrabraum.

Diese Strenge der symmetrischen Anordnung gilt jedoch einzig für den Hof. Sie durchdringt nicht die umgebenden Bethallen. Dieser Eindruck verstärkt sich noch mehr, wenn wir eine solche Moscheanlage von aussen betrachten, was allerdings von der Strasse aus nie möglich sein wird. Betrachtet man jedoch die Gesamtanlage von einem erhöhten Punkt aus der Vogelschau, so stellt man fest, wie lose die architektonische Zusammengehörigkeit des Hofes und der ihn umgebenden Bethallen ist.

Als Beispiel dafür möchte ich die Schach-Moschee in Isfahan wählen. Dieser Bau wurde mit dem Platz und der ganzen Umgebung zusammen wäh-

Isfahan, Schach-Moschee, 1610

Schnitt durch den Hof (Ost-West-Achse) und Grundriss. 1:1500

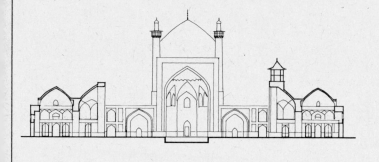

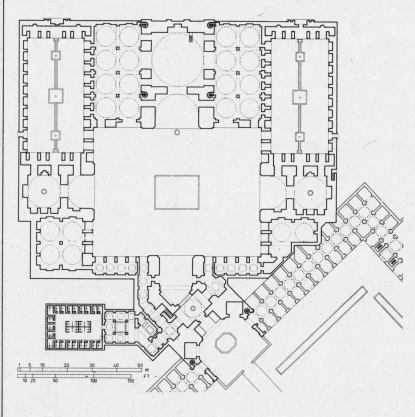

rend der Regierungszeit von Schach Abbas geplant und innerhalb einer kurzen Zeitspanne realisiert. Deshalb fallen hier Anbau- und Umbaufragen weg.

Schach Abbas liess an der linken Längsseite des Platzes eine zweite, einräumige Moschee errichten, zu Ehren von Scheich Lutfullah. An der rechten Längsseite des Platzes wurde ein mehrstöckiger Palast, Ali Kapi, gebaut. Als Krönung der ganzen Anlage erhebt sich die Schach-Moschee an der oberen Schmalseite des königlichen Platzes.

Sowohl eine koordinierte Planung von verschiedenen Bauten um einen Platz als auch die Vorstellung eines als „Innenhof" konzipierten Platzes war ein der persischen Stadtkonzeption neuartiger Gedanke.

Die obersten Terrassen von Ali Kapi bieten eine herrliche Gelegenheit, diese Gesamtanlage von Schach-Maydan aus der Vogelschau zu betrachten. Dabei machen wir folgende Feststellungen:

1. Wir überblicken einen Komplex von aneinandergefügten Iwanen, Kuppelreihen und Blendarkaden, die nach einer eigenartigen Konzeption gestaltet und gruppiert worden sind: *nach der Schauseite.*

2. Die Schauseite aller dieser Teile ist durchgehend mit farbigen Fayencen bekleidet, während ihre Rückseite, das heisst alle jene Stellen, die, von unten her gesehen, ausserhalb des Blickfeldes bleiben, aus sandfarbigem Backstein besteht. Die Bauart dieser unsichtbar bleibenden Teile ist von der schlichten Lehmarchitektur der persischen Dörfer um Isfahan kaum zu unterscheiden.

3. Alle konstruktiven Elemente (Strebekonstruktionen der Iwangewölbe oder der Arkadenreihen) befinden sich ausschliesslich an der Rückseite. Sobald man also den Hof verlässt, zeigt das farbige Bild, das sich uns vom Hof aus präsentiert, seine „Kehrseite".

Von oben, als plastisches Gebilde gesehen, wirken die Iwane wie Fremdkörper vor der Kuppel der Beträume. Wie ein vorgestelltes Brett steht die Rahmenwand des Iwans vor der Kuppel, wenn wir sie ausserhalb des Hofraumes ins Blickfeld bekommen. Die an die gotischen Rippen erinnernden Strebekonstruktionen hinter der Iwanwölbung und ihr farbiger „Hohlraum" an der Hofseite scheinen nichts Gemeinsames zu haben.

Das gleiche gilt auch für die architektonische Konzeption des Schach-Maydans. Er wird von einer zweistöckigen Reihe von Bogen und Arkaden umrahmt. Die untere Bogenreihe beherbergt Ladengeschäfte und Handwerkerbuden, die zum Teil von Tonnen, zum Teil von flachen Kuppeln überwölbt sind. Der zweite Stock hingegen besteht nur aus einer Reihe von Blendarkaden, die hinten von dünnen Strebewänden gestützt werden.

Isfahan, die Schach-Moschee, erbaut 1610. Luftaufnahme mit der südwestlichen Ecke des Schach-Maydans. Im Hintergrund die Scheich-Lutfullah-Moschee. Die Längsachse des königlichen Platzes und die Kreuzachsen der Moschee bilden einen Winkel von 45 Grad, damit die Orientierung Richtung Mekka eingehalten werden kann.

Vom Platz aus gesehen, erscheinen sie als Loggien vor irgendwelchen Räumen, in Wirklichkeit sind sie jedoch blosse Scheinarchitektur, zweifellos in der Absicht angelegt, durch erhöhte Wände dem Platz einen Innenhof-Charakter zu geben und gleichzeitig die Aussenwände der beiden Moscheen zu verbergen. Wer auf dem Schach-Maydan steht, erblickt tatsächlich nur die monumentalen Iwanportale der beiden Moscheen und die darüber schwebenden, farbig leuchtenden Kuppeln. Man kann vom Platz aus nicht erkennen, dass die Achsen der beiden Bauwerke von der Achse des Platzes um 45 Grad abweichen. Auch beim Betreten der Moscheen bleibt die Knickung der Achse unerkennbar.
Bei der Schach-Moschee betritt man vom Hauptportal aus einen Kuppelraum. An der gegenüberliegenden Seite des Raumes blickt man durch eine riesige Fensteröffnung in den Hof. Die Öffnung, welche die eine Seite des gleichschenkligen Dreiecks an der Rückwand des Nordiwans bildet, gewährt zwar Einblick, jedoch keinen Eintritt in den Hof (Tafel 12).

Pläne einiger Stadtzentren in Persien

Die Plätze haben durchgehend den Hofcharakter. 1:7500

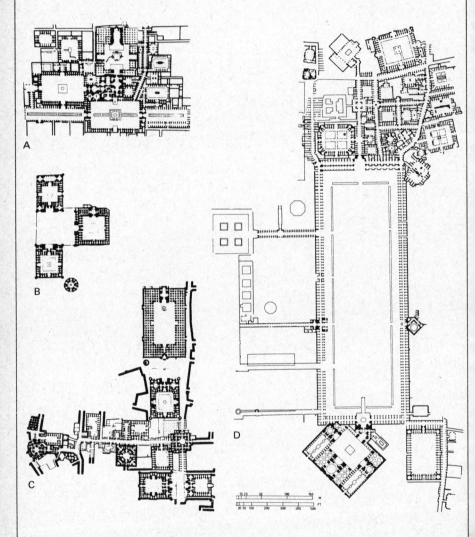

A   Meschched, die Umgebung des Imam-Reza-Heiligtums, 15.–17. Jh.
B   Samarkand, Registan, umgeben von Ulu-Beg-, Tilla-Kari- und Schir-Dar-Medresen, 15.–17. Jh.
C   Buchara, alter Stadtkern mit den Medresen Kalaun und Miri Arab, Mitte 15. Jh.
D   Isfahan, Schach-Maydan, nördlich vom Platz der Komplex der Basargebäude, Anfang 17. Jh.

Zu ihm führen zwei Gänge, links und rechts vom Nordostiwan. Der linke von diesen beiden Korridoren ist auffallend länger als der rechte. Um in den Hof zu gelangen, muss man einen dieser beiden Wege wählen. Da man sie nicht zusammen überschauen kann, fehlt aber die Vergleichsmöglichkeit zwischen den beiden Weglängen. Im Hof angelangt, fühlt sich der Besucher im Banne der Kreuzachsensymmetrie und realisiert nicht, dass zwischen der Achse des Platzes und der des Hofes, in dem er nun steht, eine Knickung vorhanden ist. Die vier Iwane, die hier eine strenge Kreuzachsenordnung suggerieren, haben allerdings nicht genau die gleichen Abmessungen. Auch in der Form ihrer Gewölbestruktur und in ihren Dekorationsmotiven unterscheiden sie sich voneinander. Der Südwestiwan ist etwa vier Meter breiter und sechs Meter höher als die anderen drei Iwane. Der Abstand zwischen den gegenüberliegenden Iwanen ist aber so gross (der Hof misst 70 x 52 m), dass dieser Grössenunterschied die Kreuzachsensymmetrie kaum beeinträchtigt. Die Abmessungen der anderen Iwane stimmen überein (rund 14 m breit und 26 m hoch). Hinter den beiden seitlichen Iwanen (Südost und Nordwest) befindet sich je ein quadratischer Raum von gleicher Grösse und Gestalt. Der Nordostiwan, der den Moscheenhof gegen die Eingangshalle abschliesst, hat eine besondere Gestalt. Seine Rückwand läuft nicht geradlinig, sondern besteht – der Achsenbiegung angepasst – aus zwei im rechten Winkel aufeinanderstossenden Wänden. Auf der linken Seite befindet sich jene grosse Fensteröffnung, die uns von der Eingangshalle her Einblick in den Moscheenhof gewährt, auf der rechten Seite (der Rückwand) ein gleich grosser, mit Fliesen bekleideter Blendbogen. So wird die Symmetrie auch hier nicht gestört. Wer vom Platz her in die relativ dunkle Eingangshalle tritt, nimmt durch die Bogenöffnung den in hellen Farben leuchtenden Hofraum wahr. Vom Hof aus gesehen, erscheint jedoch der Nordostiwan als ein abgeschlossener, nur gegen den Hof zu sich öffnender Raum.

Wie wir bereits feststellen konnten, galt die symmetrische Ordnung der älteren seldschukischen Moscheen nur für den Hof und vermochte sich nicht in der Anordnung der Bethallen durchzusetzen. Hier, in der Schach-Moschee, wird zum erstenmal versucht, die Gestaltung der Bethallen der Kreuzachsenordnung des Hofes anzupassen.

Wie gruppieren sich die Beträume, wenn die Gleichwertigkeit der vier Himmelsrichtungen vorausgesetzt wird? Im Südwesttrakt stimmt die Gebetsrichtung mit der Zentralsymmetrie überein. Der kuppelüberwölbte Haramraum wird links und rechts von je einer zweischiffigen Pfeilerhalle flankiert. Diese Hallen sind durch die Arkaden vom Hof aus zugänglich.

Isfahan, die Schach-Mo-
schee, die südwestliche
Bethalle.

Isfahan, die Schach-Mo-
schee, der Vormichrab-
raum. Die Kiblawand mit
der Michrabnische und
dem Minbar.

Sie sind von Norden nach Süden gerichtet. An ihrer Südwestwand, am Ende jedes „Schiffes", befindet sich eine Michrabnische. Im Vormichrabraum haben Minbar und Michrab wie üblich ihren Platz gegenüber dem Portal, das vom Südwestiwan in den Haramraum führt. Die seitlichen Kuppelräume haben aber ihre Michrabnische ebenfalls an den Südwestwänden. Die beiden grösseren Nischen in der Achse der Iwane haben keinerlei Funktion, wie auch die Nischen an den Nordostwänden dieser Zentralräume nur aus Symmetriegründen da sind. Der Nordostiwan mit seinem spiegelnden Bodenbelag aus blauen Fliesen dient zwar als Bethalle, hat aber keinen Michrab, da seine Südwestseite sich auf den Hof zu öffnet. Die Betenden haben hier den prächtigen Hauptiwan als Michrab vor sich.

Kairo, Vier-Iwan-Medresen

Medresen mit Vier-Iwan-Höfen werden nach dem Anfang des 14. Jahrhunderts auch in Kairo üblich. Sie unterscheiden sich jedoch von den persischen Medresen durch ihre glatten arkadenlosen Hoffassaden. Sie sind Steinbauten und haben keine Fliesenbekleidung.

Kairo, Sultan-Hassan-Medrese, 1356

Kairo, Bey-Pars-Medrese, 1309

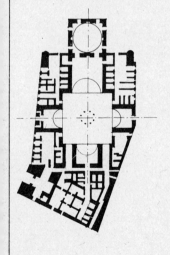

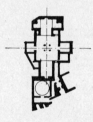

Kairo, Ilgay-Yusufi-Medrese, 1373

Die Schach-Moschee geht auf einen einheitlichen Entwurf zurück. Eine architektonisch sinnvolle Entsprechung zwischen den Hoffassaden und den Beträumen dahinter wurde hier von Anfang an angestrebt. Das Resultat zeigt aber, dass die Vorschrift, Gebetsrichtung Mekka und die nun zu einer unabänderlichen Formel gewordene Kreuzachsensymmetrie, die Baumeister immer häufiger zu Kompromisslösungen zwingt. In der Schach-Moschee endet der Konflikt zwischen der Gebetsrichtung und der Kreuzachsenordnung mit dem endgültigen Sieg der *Zentralsymmetrie*.

Die neue Vorstellung von Grösse,
Pracht und Schönheit

„Etwas kann nur durch etwas anderes ausgedrückt werden, so lehrt uns eine jegliche Weisheit."   *Piet Mondrian*[37]

„Zijad hat zu Ehren Allahs ein Gebäude aus Stein bauen lassen, es war nicht aus Lehm. Hätten nicht Menschenhände gearbeitet, um es zu errichten — wahrlich würden wir es ein Werk des Teufels nennen[38]."
Diese Worte, zitiert nach den Berichten des arabischen Chronisten al-Baladhuri, beziehen sich auf die Moschee von Basra, die im Jahr 665 von Zijad, dem Gouverneur der Stadt, erweitert und erneuert wurde. Verglichen mit den zeitgenössischen Moscheen, die zum Teil aus Lehm und rohen Palmenstämmen gebaut waren, wirkte ein Bau aus Stein auf die Zeitgenossen offensichtlich als etwas Ungewöhnliches. Wegen seiner Schönheit und Dauerhaftigkeit wurde er geradezu als unheimlich empfunden. An einem Sakralbau begegnete man gerade diesen Eigenschaften mit Skepsis. Nur Gott, dem alleinigen Schöpfer, war es vorbehalten, „Schönes" und „Dauerhaftes" hervorzubringen. Ist die Schöpfung als Ganzes (Himmel und Erde) mit ihren unveränderlichen Gesetzmässigkeiten nicht der höchste Beweis dafür? (Koran: Suren 8, 184; 6, 76/77/78; 3, 188 u. a.).
Diese Einstellung führte al-Baladhuri offensichtlich zu seiner skeptischen Aussage gegenüber einem schönen Bauwerk. Schönes und Dauerhaftes zu erstellen gilt nicht als eine Ehrung Gottes, sondern als ein Rivalisieren mit seinem Schöpfertum. Daher die Anspielung auf den Teufel, der als einziges Wesen in seiner masslosen Eitelkeit sich als der Rivale Gottes fühlt (Koran: Suren 2, 35; 7, 12).
Eine Ausnahme bilden allerdings, was den Zeitraum des islamischen Frühmittelalters betrifft, die Sakralbauten der Omaijaden in Jerusalem und in Damaskus, wie auch die Wüstenschlösser dieser Dynastie.
Wie wir jedoch bereits festgestellt haben, bleiben diese prachtvollen Bau-

Isfahan, die Schach-Moschee, der Nordwestiwan mit Guldaste, einem Holzpavillon mit Zeltdach. Von hier aus wurden dem Volk die königlichen Erlasse bekanntgegeben.

Kairo, Ibn-Tulun-Moschee.
876–879 von Achmed Ibn
Tulun, dem Gründer der
Tulunidendynastie, erbaut,
nach dem Vorbild der Mo-
scheen von Samarra. Wie in
Samarra schirmen auch hier
die hohen Zijada-Mauern
die Moschee vom Stadtbe-
trieb ab. Der quadratische,
kuppelgewölbte Bau in der
Mitte des Hofes stammt
aus dem 13. Jahrhundert
und enthält einen Brunnen
für die rituellen Waschungen.

Kairo, Ibn-Tulun-Moschee,
Detail der Hoffassade.

Kairo, Ibn-Tulun-Moschee, die nordwestliche Arkadenhalle des Hofes. Der quadratische Hof wird an allen vier Seiten von gleichförmigen Pfeilerarkaden umgeben. Hinter der Arkadenhalle erhebt sich das Minarett, das seine heutige Gestalt vermutlich während der Restaurierung von 1296 erhalten hat.

ten der Omaijaden auf die Anfangszeiten des Islams beschränkt. Weder die Aksa-Moschee noch die grosse Omaijadenmoschee wirkten als Vorbilder. Die Entwicklung der Moscheenarchitektur in Mesopotamien, Ägypten und Nordafrika wie auch in Spanien bleibt von diesen frühomaijadischen Moscheen unbeeinflusst[39]. Versuche einer Raumhierarchie, Überschwang an Ornamenten und Vorliebe für Farbigkeit bleiben im Grunde der arabischen Stützenmoschee fremd. Der prächtige Vormichrabraum in Cordoba geht auf eine Erweiterung am Ende des 10. Jahrhun-

73

Isfahan, die Freitagsmoschee, die Innenwölbung des Nordwestiwans.

derts zurück. Eine unartikulierte Gleichmässigkeit der Formen und Farben kennzeichnet fast alle Moscheen des 8., 9. und 10. Jahrhunderts.
Ein kurzer Blick zurück auf die Ibn-Tulun-Moschee in Kairo (876–879)
soll das illustrieren:
Ein quadratischer Hof von 8464 m^2 wird umgeben von 52 Pfeilerarkaden, die sich nicht im geringsten voneinander unterscheiden, weder in
ihren Abmessungen, noch in ihrer Form, noch in der Art der Verzierun-
gen. Alle diese Bogen erfüllen auch die gleiche Funktion: sie sind Eingänge zu den Bethallen, die den Hof umgeben. Der Haram an der Ostseite
unterscheidet sich von den anderen drei Trakten nur dadurch, dass er in
der Querrichtung um drei Arkadenreihen tiefer ist. Diese absolute Ein-

Isfahan, die Freitagsmoschee, die Rückseite des Nordwestiwans. Von der Hofseite aus gesehen, erscheinen die Gewölbe der Iwane wie aus konkaven Flächen zusammengesetzt. Rippen und Wölbungen, die diese leichte Erscheinung der Sichtseite ermöglichen, treten auf der Rückseite unverhüllt in Erscheinung.

tönigkeit, die uns im Hof umgibt, gilt auch für das Innere. Wir treffen im Inneren der Hallen die gleichen Pfeiler mit eingeschobenen Dreiviertelsäulen an den vier Kanten und die gleichen spitzbogigen Fensterchen in den Mauerzwickeln über den Pfeilern. Dieses Motiv, einmal formuliert, kommt im Inneren wie an der Hoffassade unzählige Male vor und wird nirgends von einer anderen Variante abgelöst. Da das gleiche Material und die gleiche Technik der Ornamentierung für das Innere wie für die Hoffassaden gilt, bleibt auch die Farbe absolut monoton. Ohne jegliche Artikulation in der Form- und Farbgebung, ohne merkliche Differenzierung

zwischen Gross und Klein, Schmal und Breit, Niedrig und Hoch, breitet sich der Hof der Tulun-Moschee vor unseren Augen aus.
Nichts erscheint hier als blosse Dekoration. Der schlichte Ornamentstreifen, der sich am ganzen Bau über Bogen und Pfeiler ohne Unterbrechung fortsetzt, unterstreicht auf anspruchslose Art die Konstruktion. Die kleinen Fenster in den Mauerzwickeln über den Pfeilern, die in die Eintönigkeit der massiven Pfeiler- und Bogenreihen etwas Abwechslung und Bewegung bringen, entpuppen sich bei genauerer Betrachtung als Entlastungsfenster, also aus konstruktiven Überlegungen entstandene Elemente.
Verglichen mit dem schlichten Hof von Ibn Tulun erscheint der Hof einer persischen Moschee von paradiesischer Schönheit. An Stelle der Gleichwertigkeit der Formen herrscht hier eine ausgeprägte Formenhierarchie, statt Monochromie ein Farbenreichtum ohnegleichen. Die vier Iwane, die in ihrer achsenbildenden Funktion gleichwertig wirken, zeigen sich bei näherer Betrachtung fast nie gleich geformt oder ornamentiert.

Teufelswerk oder Paradiesgarten?

„Die mathematische Sprache ist eine abgeschlossene Sprache, die ihre Perfektion gerade aus dem Tod gewinnt, zu dem sie bereit war."
Roland Barthes[40]

Verglichen mit den Höfen der persischen Moscheen, erscheint der Hof der Tulun-Moschee als eine auf das Notwendigste reduzierte Architektur, um mit Le Corbusier zu reden: als eine Art „Betmaschine".
Und umgekehrt: Verglichen mit der Einfachheit und Funktionalität der arabischen Moschee, erscheint die persische Moschee keineswegs zweckgerecht. Ist sie ein Produkt rein ästhetischer und repräsentativer Überlegungen? Ein unstillbarer Drang nach Grösse und sinnlicher Schönheit — beides im Grunde für den Islam verwerflich — scheint tatsächlich diese Moscheenform hervorgebracht zu haben.
Bevor ich auf die Frage eingehe, was sich nun hier in dieser neuen Form der Moschee abzeichnet, möchte ich erst versuchen, die Struktur der den Hof umgebenden Wände (Iwane und Arkaden) und die Eigenart ihres Fliesendekors etwas genauer zu beschreiben:
1. Flächigkeit und Scharfkantigkeit fallen als die beiden Grundeigenschaften dieser Bauweise vor allem auf. Vom Hof aus gesehen, erscheinen die Iwane wie eine Gussform.
2. Ohne Bezug auf den architektonischen Aufbau, auf die Funktionen der tragenden, lastenden oder sich spannenden Elemente läuft das farbige Ornament über die Wandfläche.

Isfahan, die Freitagsmoschee, der Südwestiwan.

3. Nicht die Spannung oder die Harmonie zwischen den Horizontalen und Vertikalen wird hier angestrebt. Ein völlig anderes, sowohl der Antike wie auch den verschiedenen christlichen Stilen entgegengesetztes Prinzip herrscht hier in der Gliederung der Wandfläche vor: das Prinzip des Rahmens.

4. Rhythmus und Harmonie entstehen nicht durch das Zusammen- oder Entgegenwirken der Horizontalen und Vertikalen. Die Mauerfläche wird in verschieden grosse Felder eingeteilt und mit Ornamentstreifen eingerahmt. Der Zusammenklang dieser Ornamentfelder in der Fläche erzeugt einen eigenartigen Rhythmus und eine vom Tektonischen völlig unabhängige Harmonie.

Diese Feststellungen machen deutlich, dass wir hier vor einer bewussten „Verschleierung" des tektonischen Aufbaus stehen. Mit anderen Worten, das Strukturgesetz dieser Bauweise scheint sich jenseits des Bereichs des Tektonischen zu konstituieren. Bauen ist eine Tätigkeit, die an die Materie gebunden ist, und die Materie ist der Erdenschwere unterworfen. Davon spürt man aber vor den Iwanfassaden nichts. Keine der Kategorien, die uns von den westlichen Baustilen her geläufig sind, ist für die Beschreibung eines Gebildes wie des Iwans anwendbar. Er ist weder ein Mauer-(massen)bau noch ein Skelettbau. Die Art der Aufteilung der Mauerfläche durch Ornamentbänder und die leuchtende, das Licht zurückspiegelnde Oberfläche der Fliesenbekleidung nimmt dem Iwan, trotz seinen riesigen Dimensionen, jegliche Wucht und Schwere. Im Inneren bilden die übereinander sich häufenden Trompen eine Art Gewölbe. Näher betrachtet, sind die Übergänge dieser sphärischen Flächen haarscharfe Kanten. Auch die Kategorien statisch – dynamisch sind für die Beschreibung dieses Gebildes ungeeignet, vor allem darum, weil Baumaterial und Baustruktur nirgends fassbar sind. Obwohl wir vor einem Gefüge von Spitzbogen stehen, erleben wir weder eine aufsteigende noch eine sich spannende Bewegung. Trotz der Vielfältigkeit des Liniengefüges, das sich aus den Überschneidungen der Trompeninnenflächen ergibt, ist in diesem Kantennetz nirgends ein Druck oder Gegendruck zu spüren. *Wie gegossen und eingefroren,* das heisst bar jeder Dynamik, erhebt sich der Iwan vor uns, einem Gebilde ähnlich, das seine Form unabhängig von der Erdenschwere gewonnen hat, Kristallbildungen vergleichbar.

Von ihrer körperlichen Schwere befreit, jedoch keineswegs schwebend, sondern geometrisch präzis, kristallinisch scharfkantig ist die Beschaffenheit der Grenzen, die den Hofraum bestimmen. Das Achsenkreuz, das Zusammentreffen zweier Geraden, hat der holländische Maler Piet Mondrian als „Offenbarung des Unwandelbaren" schlechthin bezeichnet. Sind die Kristallstrukturen nicht auf ihre Weise auch Zeichen ewig gültiger Gesetzmässigkeiten? Es ist eigenartig festzustellen, dass in der Geschichte der islamischen Architektur vom Augenblick an, wo das Bauen von Bethäusern zu Ehren Allahs als ein künstlerisches Handwerk legitimiert wird, Formen und Strukturen sich abzeichnen, die abstrakt-geometrisch sind.

Nach dem Bau der Freitagsmoschee von Isfahan wird nicht mehr von dem Achsenkreuzschema abgewichen. Anstatt die Baukörper zu aktivieren, zu dynamisieren, ziehen die Baumeister es vor, sie in kristallinische Gebilde zu verwandeln.

Darin wäre vielleicht eine Parallele zum Bildverbot im Islam zu erkennen. Nicht das Malen oder Zeichnen schlechthin, auch nicht, wie oft angenommen, die Darstellung des Menschen wird von diesem Verbot betroffen, sondern vielmehr die Darstellung des Lebendigen, die Wiedergabe der Aktivität des Lebewesens.

Rudi Paret hat in seinem Aufsatz „Textbelege zum islamischen Bilderverbot", gestützt auf die Hadithliteratur[41], zeigen können, dass das Bildverbot besonders in den Anfangszeiten des Islams, sich auf die Darstellung der Lebewesen, des Kreatürlichen mit „Lebensodem" (arabisch: Ruch), beschränkt. Nachbilden oder abbilden kann zwar der Mensch, aber zur Vollendung des Abgebildeten braucht es den Lebensodem (Ruch), diesen aber kann nur Gott verleihen.

In einer weiteren Arbeit über die Symbolik des Islams führt Paret aus, dass vor allem die Herstellung von Abbildern (Statuen), die „Schatten machen"[42], als verwerflich gilt. Diese letzte Bemerkung scheint mir besonders aufschlussreich, um die einzig aus Flächen sich aufbauende, aus „Hohlräumen" sich zusammenfügende Struktur der Iwane zu verstehen. Mit Ausnahme von kleinen Ecksäulen am Sockel der Iwane treffen wir keine einzige, sich plastisch wölbende Form, die, Schatten werfend, sich von der Wandfläche abhebt. Im Gegenteil: Licht-und-Schatten-Spiel in den Trompen der Iwannische dienen nur dazu, die Scharfkantigkeit der Übergänge zu verdeutlichen und dabei die Flächenwirkung zu erhöhen.

Die Ausführungen und Kommentare von Rudi Paret zeigen deutlich, dass das islamische Bildverbot ursprünglich ebenso aus der Furcht entstand, sich mit dem alleinigen Herrscher und Schöpfer zu messen, wie aus der Ehrfurcht vor der Vollendetheit der Schöpfung als Gottes Werk.

Wenn aus Menschenhand zu Ehren Gottes ein „Werk" entsteht, so soll dieses Gebilde — in unserem Zusammenhang das Bauwerk — so wenig wie möglich die Grundeigenschaften jedes Körpers, Schwere, Raumverdrängen

(Plastizität) und Schattenwerfen, zur Schau tragen. Das mag der Grund sein, weshalb kristallinische Strukturen gesucht und Formen gebildet werden, die im Lichte sich als „Hohlformen" abzeichnen.

Der Vier-Iwan-Hof

> *„Gott ist es, welcher für euch die Erde als Teppich und den Himmel zu einem Bau gemacht hat."* Koran: Sure 2, 23

Der Himmel, der sich über die Erde wölbt, ist nach dem Koran die Decke, das „Dach", das Gott als Ergänzung zum Boden geschaffen und mit verschiedenen „Leuchtkörpern" versehen hat: „Hierauf richtete er sich zum Himmel auf, der damals noch aus formlosem Rauch bestand, und sagte zu ihm und zur Erde: ‚Kommt her, freiwillig oder widerwillig!' Sie sagten: ‚Wir kommen freiwillig'.[43]" (Sure 41, 10/11).
Der arabische Theologe und Koranexeget Zamachschari legt diese Sure wie folgt aus: „Man kann sagen: Warum erwähnt Gott die Erde mit dem Himmel zusammen und stellt sie (die Erde) dann doch bei dem Befehl zum Herkommen neben diesen? War denn die Erde nicht schon vor dem

Isfahan, die Schach-Moschee, die Westecke des Hofes.

Isfahan, die Kuppel der Schach-Sultan-Hussain-Medrese, 1706.

Himmel in zwei Tagen geschaffen? Darauf antworte ich: Gott hatte den Körper der Erde zunächst ohne Ausbreitung geschaffen. Ausgebreitet hat er die Erde erst nach der Erschaffung des Himmels, sagt doch Gott: ,Und er breitete danach (nach der Formung des Himmels) die Erde aus' (Sure 79, 27–30). Es ist also gemeint: Kommt her in der Gestalt und Beschaffenheit, in der ihr herzukommen habt. Erde, komm ausgebreitet als Ruhestätte und Wohnplatz deiner Bewohner. Himmel, komm gewölbt als ein Dach für sie. Mit dem Herkommen ist gemeint, dass etwas entsteht und sich einstellt ...[44]"

Das Himmelsgewölbe mit seinen zyklisch sich wiederholenden Erscheinungen (Gang der Gestirne) ist nach dem Koran als ein begrenzter Raum zu

81

verstehen, voll von Körpern von verschiedener Beschaffenheit und Grösse: Sonne, Mond, Planeten. Die unabänderlichen Gesetzmässigkeiten, denen diese Gebilde unterworfen sind, gelten für den Menschen als einzigen Beweis von Gottes Grösse und Allmacht: „Er lässt die Nacht über den Tag kommen, wobei sie ihn eilends einzuholen sucht. Und er hat die Sonne, den Mond und die Sterne geschaffen und sie dabei durch seinen Befehl in den Dienst der Menschen gestellt" (Sure 7, 54). Und an anderer Stelle: „In der Erschaffung von Himmel und Erde; im Wechsel von Tag und Nacht; in den Schiffen, die zum Nutzen der Menschen auf dem Meer fahren; darin, dass Gott Wasser vom Himmel hat herabkommen lassen, um dadurch die Erde, nachdem sie abgestorben war, wieder zu beleben; ... darin, dass die Winde wechseln; in den Wolken, die zwischen Himmel und Erde in Dienst gestellt sind, in alledem liegen Zeichen für Leute, die Verstand haben" (Sure 2, 164).

Der Himmel, der sich über die Erde wölbt, ist das „Dach" oder der „Bau", also ein begrenzter Raum, und als solcher gehört er zum Seinsbereich der Geschöpfe. Er ist der niedrigste oder tiefste des „siebenrängigen" Himmelsgebäudes, das sich „ohne Stützen" erhebt (Suren 31, 11; 21, 33). So ist der Himmel, den der Mensch erblickt, weder der Ort des Paradieses noch der Seinsort Gottes: „Sein Thron reicht weit über die Himmel und die Erde", heisst es in der Sure 2. Gott ist für die menschliche Vorstellung nicht örtlich fixierbar, er ist der Allesumfassende.

Der Hof der persischen Moschee ist Aussenraum und Innenraum zugleich. Ein Innenraum, dessen „Dach" oder Wölbung das Himmelsgewölbe selbst ist. So betrachtet, erscheint der Hof der persischen Moschee als ein Gleichnis des „Weltgebäudes", wie es uns vom Koran her vertraut ist. Er ist nicht ein „Abbild" des Paradieses[45], sondern ein umfriedetes Stück Erdenraum von paradiesischer Schönheit, Lauterkeit und Ruhe. Sein Gewölbe ist unmittelbar von Gottes Hand erschaffen, und der Gang der Gestirne, die Er als „Leuchtkörper" hineingesteuert hat, offenbart in jedem Augenblick die Unabänderlichkeit seiner Gesetze.

Im Schnittpunkt der Kreuzachsen, in der Mitte des Hofes, befindet sich fast immer ein Wasserbassin. Der Wasserspiegel liegt meistens nur wenig erhöht über dem Niveau des Hofbodens. Diese ruhende Wasserfläche hat keine andere Funktion, als die Mitte zu betonen. Sie dient nicht für die rituellen Waschungen, die vor jedem Gebet vorgeschrieben sind. Diese dürfen nach den Vorschriften nur mit fliessendem Wasser erfolgen. Das Wasser in der Mitte des persischen Iwanhofes ist als eine glatte, stille Fläche zu verstehen, in der sich die am Himmel vorbeiziehenden Wolken

Isfahan, Schach-Sultan-Hussain-Medrese, Kuppel und Stalaktitengewölbe des südöstlichen Iwan-saales.

spiegeln. Dass die Mitte nicht durch einen körperlichen Gegenstand, sondern durch eine ruhende Wasserfläche markiert wird, erklärt sich folgerichtig, wenn wir bedenken, dass der Hofraum hier als ein Gleichnis des Weltgebäudes empfunden wird. Wir müssen uns vor allem vergegenwärtigen, was für eine Bedeutung dem Wasser im Koran zukommt. Wasser ist der Ursprung des Lebens (Sure 21, 31), gleichzeitig auch das wesentlichste Element zur Erhaltung und Regeneration alles Kreatürlichen. Im Koran wird das Paradies immer als schwebender Garten ohne Boden beschrieben. Regen ist immer das Zeichen des göttlichen Segens und der Barmherzigkeit und als solches heilig: ,,Und er ist es, der, nachdem sie schon alle Hoffnung aufgegeben haben, reichlichen Regen vom Himmel herabkommen und ihnen seine Barmherzigkeit zukommen lässt" (Sure 42, 28).

Das Wasser erscheint hier im Zentrum des Hofraumes weder in einer bestimmten *Funktion noch in Aktion,* sondern ruhend, spiegelnd, als Sinnbild jenes Elementes, dessen Einwirkung die Erde zum Träger des Lebens, zur ,,Wohnung" des Menschen macht.

Die Iwane verdeutlichen die vier Himmelsrichtungen, das Wasser die Mitte. Die mit Sternen geschmückten Innengewölbe der Iwane sind Übergänge zum eigentlichen Himmelszelt. Ihre Dimensionen sind mächtig, ihre Erscheinung aber ist ,,hauchdünn". Sie haben keine körperlichen Eigenschaften nötig, um ihre ätherische Last (Himmel) zu tragen — und sie können nicht prächtig, leuchtend und schön genug sein, um dieser Last würdig zu erscheinen.

Die Moscheen in Kleinasien zur Zeit der Seldschuken

Von der Hofmoschee zur Kuppelmoschee

Die Omaijadenmoschee in Damaskus, die Grosse Moschee in Cordoba oder etwa die Schach-Moschee in Isfahan sind Beweise dafür, dass Kuppelwölbungen von monumentalem Ausmass für den islamischen Moscheenbau immer ein wesentliches Anliegen waren. Die Kuppel erhält jedoch in der osmanischen Moschee von Beginn an einen neuen Stellenwert, so dass man den Kuppelbau als typisch für die osmanischen Moscheen ansehen kann. Die Bedeutung der Kuppel bei den frühosmanischen Moscheen liegt weder im Quantitativen noch im Qualitativen, das heisst weder in der Kühnheit der Abmessungen noch im Erfinden neuartiger Konstruktionen. Die innen wie aussen mit herrlichen Fliesen bekleidete Kuppel der Schach-Moschee von Isfahan hat einen Durchmesser von 23 m, während die Kuppeln der frühosmanischen Moscheen (Hadschi Özbek in Iznik, Aladdin Bey in Bursa u. a.) kaum einen Durchmesser von 10 m erreichen und ihre schlichten Halbkugelkalotten neben den höchst kunstvollen Rippenkonstruktionen der Cordoba-Kuppeln recht bescheiden, geradezu provinziell wirken.

Ihre Grundform ist fast immer ein quadratischer, beinahe würfelförmiger Raum, überwölbt von einer halbkugelförmigen Kuppel. Diese beiden geometrischen Formen bilden zusammen eine Schale, die den Innenraum formt und zugleich die äussere Gestalt des Baues bestimmt. Dabei manifestiert sich eine neue Vorstellung vom Raum und vom Bauen. Zum erstenmal in der islamischen Moscheenarchitektur präsentiert sich der Innenraum als eine abgegrenzte, in sich ruhende Einheit.

Die frühesten Beispiele dieses Raumtypus treten gegen Mitte des 14. Jahrhunderts mit der Etablierung des Osmanischen Reiches im nordwestlichen Kleinasien in Erscheinung und bilden den Kern der osmanischen Kuppelmoschee, der zweihundert Jahre später im Werk von Sinan, Hofbaumei-

Kleinasien: Die seldschukischen Moscheen

Damaskus, Grosse Moschee

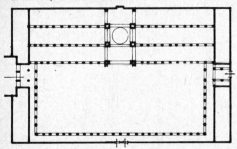

Siwas,
Grosse Moschee, um 1100

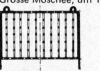

Urfa,
Grosse Moschee, 12. Jh.

Diyarbakir,
Grosse Moschee, 1091

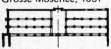

Wan,
Grosse Moschee, 10. Jh. ?

Konya,
Aladdin-Moschee, 1135—1220

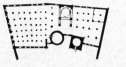

Silwan,
Grosse Moschee, 1155

Erzerum,
Grosse Moschee, 1135

Afyon,
Grosse Moschee, 1273

Mardin,
Grosse Moschee, 8.—12. Jh.

Dunayschir,
Grosse Moschee, 1204

Malatya,
Grosse Moschee, 1237

Beyschehir,
Grosse Moschee, 1296

Mardin,
Abdullatif-Moschee, 1363

Mardin,
Babi-Sur-Moschee, 1371

Kayseri,
Huand-Hatun-Moschee, 1237

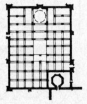

Divrig,
Grosse Moschee, 1229

Divrig,
Kale-Moschee, 1180

Nigde,
Aladdin-Moschee, 1223

Kayseri,
Grosse Moschee, 1140

Niksar,
Grosse Moschee, 1145

Harput,
Grosse Moschee, 1165

Seldschuk (Efes),
Isa-Bey-Moschee, 14. Jh.

Niksar,
Yagi-Basan-Medrese, 1150

Konya,
Sirtschali-Medrese, 1242

Konya,
Karatay-Medrese, 1251

Konya,
Indsche-Minare-Medrese, 1258

Kirschehir,
Dschadscha-Bey-Medrese,
1272

Zu den Tafeln 15 und 16:
Weder die persische Vier-Iwan-
Hofmoschee noch die ara-
bische Stützenmoschee wird
in Kleinasien in ihrer reinen
Form übernommen. Die
kleinasiatischen Moscheen
der Seldschukenzeit zeigen
verschiedene Grundrissformen, es zeichnet sich jedoch
kaum ein bestimmter Grundrisstypus ab, der den folgenden als Vorbild dient. Innen-
und Vorhöfe werden immer
seltener. Die meisten Mo-
scheen sind gewölbte Pfeilerhallen. Bei näherer Betrachtung zeichnen sich doch gewisse Entscheidungen ab:
Grössere Pfeilerhallen treten
nach der Mitte des 13. Jahrhunderts nicht mehr auf —
auch die flachgedeckten Holzmoscheen setzen sich nicht
durch. Hingegen besteht die
Raumordnung der südlichen
Moscheen (Silwan, Mardin,
Dunayschir) weiter und entwickelt sich in einer bestimmten Richtung: Die raumdefinierende Funktion der Stützen erlischt zusehends, während die Aussenwände und
Deckengewölbe als Raum-
grenzen immer mehr an Be-
deutung gewinnen.

ster von Süleyman dem Grossen, seine volle Entfaltung erreichen wird. Die Analyse der persischen Moschee hat gezeigt, dass die Kuppel beziehungsweise der kuppelüberwölbte Michrabraum zwar meistens das Zentrum des Betraumes ist, jedoch dem Vier-Iwan-Hof gegenüber immer den zweiten Rang einnimmt. Sie ist fast immer aussen mit farbigen Fliesen bekleidet und spielt dadurch im Stadtbild eine wichtige Rolle, doch der Raum, den sie überwölbt, bleibt im Komplex der Bethallen verborgen, und die Gestalt des Gesamtbaus bleibt von aussen nicht erfassbar. Die Vorstellung einer Raumschale als eines ganzheitlichen Gefüges von Wänden und Gewölbe besteht nicht.

Die osmanische Architektur hingegen nimmt von Anfang an Abstand vom Dekorationsprinzip der persisch-seldschukischen Bautradition. Die rein

Divrig, die Grosse Moschee, das westliche Seitenportal.

auf die Fläche bezogene, von der Konstruktion der Wände unabhängig sich verbreitende Dekorationsweise der Seldschuken wird mit einem Schlag abgestreift.

Die Vorstellung von einem von einer Schale gefassten geformten Innenraum wirft die Frage nach der Kongruenz von Innen und Aussen auf und damit auch das Problem einer der Konstruktion entsprechenden Wandgliederung.

Zwischen der „stummen" Würfelgestalt der frühosmanischen Moscheen im nordwestlichen Kleinasien und den fast durchsichtigen Raumschalen der Michrimach- oder Sokullu-Moschee (beide um die Mitte des 16. Jahrhunderts) in Istanbul liegt ein weiter Weg, der als eine zielgerichtete Entwicklung bezeichnet werden kann. Diese Tatsache ist eine erstmalige Erscheinung in der islamischen Baugeschichte. Die verschiedenen Formen der arabischen Stützenmoschee zeigten zwar eine grosse Vielfalt, jedoch keinerlei Ansätze zur Ausbildung eines bestimmten Typus. Die Moschee in Persien hingegen erschien bereits in ihren Anfängen als Kristallisation einer streng symmetrischen Raumordnung, welche die Möglichkeit einer Wandlung ausschloss.

Im folgenden möchte ich den Etappen nachgehen, die die osmanische Moscheenarchitektur von etwa 1300 bis 1600 zurücklegte. Dieser Untersuchung soll eine genaue Bestandesaufnahme der Sakralarchitektur in Kleinasien im Zeitraum von 1100 bis 1300, also seit der Islamisierung der Halbinsel durch die seldschukischen Türken bis zur Gründung des Osmanischen Reiches, vorausgehen.

Die seldschukischen Moscheen

Die Schlacht von Malazgirt (1071) markiert den endgültigen Zusammenbruch des byzantinischen Widerstandes gegen das Gross-Seldschukenreich. Der politische Sieg der Seldschuken über Kleinasien machte ausserordentlich schnelle Fortschritte. Bereits 1081 erklärten die Seldschuken Nicaea (Iznik) zu ihrer Hauptstadt. Um so mühsamer war hingegen der Prozess der „Türkisierung" des Landes: „Es wäre nicht richtig, wenn man angesichts des raschen Vorwärtsdringens der Türken meinen würde, im damaligen Anatolien habe es keinen christlichen Widerstand gegeben. Es ist sicher, dass die kurze Zeit, während der Nicaea Hauptstadt war, nicht ausreichte, die alte Gesellschaftsstruktur von Grund auf zu verändern. Von 1080 bis 1375 bestand noch ein armenisches Königreich in Kilikien. Innerhalb der verschiedenen türkischen Fürstentümer in Westanatolien führten die alten byzantinischen Städte ihre Existenz weiter. Vergegenwärtigt man sich, dass das griechische Königreich Pontus in Trapezunt bis zur Eroberung Konstantinopels weiterexistieren konnte, so muss zugegeben werden, dass das Entstehen einer sozialen und kulturellen Einheit türkischer Prägung kein einfacher und kurzfristiger Vorgang gewesen ist[46]."

Mit diesen Worten beschreibt Dogan Kuban, der als erster versucht hat, die Baugeschichte Kleinasiens von der türkischen Einwanderung bis zum Auftreten der Osmanen darzustellen, die Situation der Halbinsel nach der türkischen Eroberung.

Kuban bezeichnet die Zeit vom 12. bis 14. Jahrhundert als eine Phase der ,,Experimente''. Osttürkische, persische, syrische und byzantinische Bautraditionen und Konstruktionsmethoden prallen aufeinander. Dabei entstehen eine Reihe von Bauwerken von grösster Originalität, eine Vielfalt grossartiger Einzelfälle, jedoch keine Kristallisation einer bestimmten Stilrichtung. Kuban unterscheidet drei Faktoren, die die Bauten der vorosmanischen Zeit in Kleinasien bestimmt haben:

1. Die eigene Tradition der neuen Bauherren bestimmt die funktionelle Struktur, das heisst die Bestimmung und das Programm der Bauten (etwa Moschee, Karawanserei, Medrese, Spital usf.). Die Bauaufgaben gehen also auf die herkömmlichen Lebensgewohnheiten der Einwanderer zurück.

2. Die christliche Bautradition, in dieser Frühzeit vorwiegend die armenische, bestimmt die Baustruktur und die Konstruktionsmethoden der neuen türkischen Bauten.

3. In ihren Raumvorstellungen und Dekorationsprinzipien bleiben die Einwanderer der Tradition der persisch-seldschukischen Welt treu. Der formalistisch-dekorative Charakter der vorosmanischen Bauten in Kleinasien ist in diesem Sinne eine Fortsetzung der ostseldschukischen Tradition. Dogan Kuban nennt die Baustrukturen der Seldschuken ,,formalistisch'' und ,,dekorativ'', während er im neu entstehenden Stil der Osmanen um die Mitte des 14. Jahrhunderts einen neuen ,,konstruktiven Geist'' erkennt

Als die Seldschuken 1134 Iconium (Konya) zur Hauptstadt machten, war in Persien unter der Herrschaft ihrer Grossväter und Väter die Vier-Iwan-Hofmoschee bereits entwickelt worden. Es ist erstaunlich, dass in Anatolien während der Seldschukenzeit keine einzige Vier-Iwan-Hofmoschee gebaut wurde. Die Vorstellung vom Innenhof als Kern, als Zentrum der Moschee wurde nicht weitergeführt. Ausnahmen bilden bis zu einem gewissen Grad die Grosse Moschee von Harput und von Eski Malatya mit ihren kleinbemessenen Höfen. Der Hof von Malatya hat einen einzigen

Siwas, die Grosse Moschee, 11. Jahrhundert. Eine der ältesten Moscheen in Kleinasien. Ein elf-
schiffiger Raum mit sechs Bogenstellungen. Die Bogen stossen im rechten Winkel zur Kiblawand.
Die massiven, niedrigen Pfeiler haben die Vermutung aufkommen lassen, dass die heute flachgedeckte Halle ursprünglich als ein Raum mit Steingewölbe konzipiert war.

Iwan in der Längsachse; in Harput grenzen die beiden kleinen gegenüberliegenden Iwane an die Nordwand des Arkadenhofes. Beide sind also in
ihrer Anordnung weit von der Konzeption des klassischen Vier-Iwan-Hofes
entfernt.
Die Grossen Moscheen von Siwas und von Urfa besitzen zwar grosse Vorhöfe, ähnlich den Vorhöfen der arabischen Moscheen, ob sie jedoch zum
ursprünglichen Bau gehörten, war bisher nicht abzuklären. Hingegen kann
man mit Bestimmtheit feststellen, dass die meisten vorosmanischen Mo-

scheen Anatoliens rechteckige Gebäude ohne Höfe sind (Divrig, Niksar, Wan, Erzerum und die Moscheen von Kayseri). Es ist kaum möglich, die anatolischen Moscheen des 12. und 13. Jahrhunderts in eigentliche Gruppen einzuordnen. Mit ganz wenigen Ausnahmen sind sie jedoch gewölbte Pfeilerhallen, die in ihren Proportionen und ihrer Bautechnik aber so verschieden sind, dass jeder Innenraum eine Variation zum Thema Pfeilerhalle darstellt[47] (Tafeln 15 und 16).

In den folgenden kurzen Einzelbeschreibungen möchte ich nur die Raumdisposition dieser Pfeilerhallen berücksichtigen, also weder auf die Konstruktion noch auf die Dekorationsprobleme eingehen. Auch zu Ansichten verschiedener Fachleute, zu Herkunfts-, Datierungs- und Umbaufragen will ich nicht Stellung nehmen, weil meine Frage keineswegs eine Gesamtdarstellung des Moscheenbaus und seiner Probleme im vorosmanischen Kleinasien zum Ziel hat. Die Moscheen dieser Zeitspanne — zwischen der Islamisierung der Halbinsel und der Etablierung des osmanischen Staates — sollen hier nur in bezug auf ihre Raumordnung betrachtet werden.

Die Grosse Moschee von Diyarbakir (1091—1141). Dreischiffige quergelagerte Pfeilerhalle. Alle Schiffe von gleicher Höhe. Die Bogenstellungen, ähnlich denen der Omaijadenmoschee in Damaskus, zweistöckig. Flache Holzdecke. Die Bethalle wird in der Mitte von einem erhöhten Mittelschiff mit Obergadenfenster in zwei Teile geteilt. Im Prinzip wird hier der Grundrisstyp der Omaijadenmoschee wiederholt, jedoch ohne Kuppel im Mittelschiff. Neben der Moschee von Harran ist dieser Bau einer der ältesten in Kleinasien. Man nimmt an, dass der ursprüngliche Bau im 8. Jahrhundert unter arabischer Herrschaft entstanden ist und, was die Raumdisposition betrifft, keine grösseren Veränderungen erfahren hat.

Die Grosse Moschee von Siwas. Elfschiffige Pfeilerhalle mit flacher Holzdecke. Die Pfeiler sind durch Spitzbogen verbunden. Die Bogenstellungen stossen im rechten Winkel zur Kiblawand. Kein zuverlässiges Dokument, keine Inschrift über die genaue Entstehungszeit, vermutlich Ende 11. Jahrhundert. Somit wahrscheinlich eine der ältesten Moscheen, die unter seldschukischer Herrschaft entstanden sind. Die niedrigen und schweren Pfeiler haben die Vermutung aufkommen lassen, dass die heute flachgedeckte Halle ursprünglich steingewölbt war. Die Grosse Moschee von Siwas mit ihrem völlig unartikulierten Innenraum hat keine Parallele in Kleinasien. Ob der Hof zum ursprünglichen Bau gehörte, war bisher nicht mit Sicherheit abzuklären.

Die Grosse Moschee von Wan. Fast quadratische Pfeilerhalle ohne Hof. Grosser, hoher Michrabraum mit Kuppelwölbung. Die Kuppel wird von der Michrabwand und an den drei Seiten von massiven Pfeilern getragen. Die Pfeilerintervalle des Kuppelraumes und der ihn umgebenden Bethallen sind nicht aufeinander abgestimmt, zwei im Kuppelraum, drei in den Bethallen. Angesichts dieser „Dissonanz" ist die Frage aufgeworfen worden, ob der Kuppelraum nachträglich in die Pfeilerhalle hineingebaut wurde. Solche unangepasste Säulenintervalle zwischen dem kuppelüberwölbten Michrabraum und den Bethallen finden sich jedoch nicht selten bei den persischen Hofmoscheen (vgl. die Moscheen von Isfahan, Nantanz, Sawe u. a.).

Die Grosse Moschee von Urfa (Ende 12. Jahrhundert). Dreischiffige, quergelagerte Pfeilerhalle mit Kreuzgratgewölbe. Steinbau. Eine der ganzen Nordwand entlang sich ausbreitende Vorhalle bildet die Fassade der Moschee. Die Pfeiler der Vorhalle sind etwas schlanker als die des Moscheenraumes. Die Vorhalle ist ebenfalls mit einem durchgehenden Kreuzgratgewölbe gedeckt. Auch im Innenraum ist das Kreuzgewölbe durchgehend, das heisst die Pfeiler sind weder in der Quer- noch in der Längsrichtung durch Bogen verbunden. Weil diese Wölbungsart die einzelnen Joche nicht als abgegrenzte Raumeinheiten zur Geltung kommen lässt, hat der Raum eine ähnliche Wirkung wie derjenige der flachgedeckten Stützenmoscheen. Zu diesem Bau gibt es keine Parallele im kleinasiatischen Raum. Gebaut wurde diese Moschee 1191.

Die Grosse Moschee von Harput. Zweischiffige quergelagerte Pfeilerhalle. Die Schiffe des Haramraumes sind von Tonnen überwölbt. Im Südschiff (Kiblaseite) wird die Tonnenwölbung vor dem Michrab von einer kleinen Kuppel unterbrochen. Dabei entsteht eine neuartige Raumkombination: Kuppelraum mit zwei seitlichen tonnengewölbten „Flügeln". Diese gleiche Kombination kommt später in den Moscheen von Mardin und Hasan Keyf wieder vor. Die Grosse Moschee von Harput hat einen kleinen Innenhof mit zwei Iwanen. Diese befinden sich jedoch nicht an den Mittelachsen, sondern am Nordende der Längsseiten und unterscheiden sich in ihren Abmessungen nicht von den übrigen Bogenstellungen um den Hof. Der Hof ist verhältnismässig klein und wird an allen Seiten von tonnenüberwölbten Bethallen umgeben. Bauzeit: zweite Hälfte des 12. Jahrhunderts.

Die Grosse Moschee von Eski Malatya (1247—1273). Neben der Grossen Moschee von Harput ist die Grosse Moschee von Malatya die einzige Mo-

schee in Kleinasien, die als Hofmoschee bezeichnet werden kann. Sie ist auch eine der seltenen Bauten mit farbiger, glasierter Ziegelbekleidung an den Hoffassaden. Vor dem kuppelüberwölbten Michrabraum öffnet sich ein hoher und tiefer Iwan gegen den Hof. Die Kreuzachsenordnung ist also auch hier nicht berücksichtigt worden. Die Bethallen sind mit Tonnen überwölbt. Der Haramtrakt mit Kuppel und Iwan und die seitlichen Bethallen sind aus Backstein gebaut. Eine Inschrift am Hauptportal gibt das Baujahr 1247 an. Die Innenhöfe von Harput und Malatya unterscheiden sich von den Innenhöfen der ostseldschukischen Moscheen nicht nur durch das Fehlen des Kreuzachsenprinzips. Die Arkaden, die den Hof umgeben, sind keine Blendarkaden wie in Persien, sondern Ein- und Ausgänge zu den Bethallen. Im Grunde gleichen diese beiden Moscheen den späteren arabischen Hofmoscheen (zum Beispiel Salich-Talai-Moschee in Kairo). Der Nordtrakt von der Moschee ist aus Stein gebaut und sehr wahrscheinlich späteren Datums.

Die Grossen Moscheen von Divrig, Niksar und die Aladdin-Moschee in Nigde. Divrig: fünfschiffige, längsgerichtete Pfeilerhalle. Die Pfeiler mit oktogonalem Grundriss, mit Basis und Kapitell eine Seltenheit im islami-

Links: Divrig, die Grosse Moschee, erbaut 1229. Die Kiblawand der Moschee
bildet gleichzeitig die Seitenwand des
Spitals, dessen Hauptachse sich in der
Ost-West-Richtung orientiert. Die Joche
der Bethalle und des Spitals sind mit
verschiedenartig gestalteten Steingewöl-
ben versehen. Die Bethalle wie auch der
Hauptsaal des Spitals erhalten ihr Licht
durch Okuli an den Scheiteln der Wölbungen. Über dem Vormichrabraum
erhebt sich ein polygonaler Turm mit
prismatischem Steindach.

Rechts: Divrig, die Grosse Moschee,
Pfeiler vorne links

Unten: Divrig, die Grosse Moschee, die
Spitalhalle, Blick gegen den Hauptein-
gang. Die Treppe rechts vom Eingang
führt zu einer emporenartig gestalteten
Galerie im ersten Stock, wo sich die
Krankenzimmer befinden.

schen Moscheenbau. Rundpfeiler aus Backstein mit Stuckornament, jedoch ohne ausgearbeitete Basis und ohne ausgearbeitetes Kapitell, sind typisch für die Moscheen in Persien aus der arabischen Eroberungszeit, also vor der Herrschaft der Seldschuken, vor der Entstehung der grossen Vier-Iwan-Hofmoscheen (Tarikhane in Damghan, die Freitagsmoschee in Nayin, die Kubad-Moschee in Balch).

In Divrig ist das Mittelschiff erheblich breiter als die Seitenschiffe, jedes Joch zeigt eine andere Variante der Wölbungsform. Einzig das Joch vor dem Michrab ist quadratisch und mit einer zwölfteiligen Kuppel überwölbt Alle anderen Joche sind rechteckig: die des Mittelschiffes breiter, die der Seitenschiffe schmäler in der Querrichtung. Auch in dieser Hinsicht bleibt der Innenraum der Grossen Moschee eine Ausnahme innerhalb des zeitge-

Divrig, die Grosse Moschee, ein Pfeilerkapitell von der Spitalhalle.

Divrig, die Grosse Moschee, das Bassin in der Mitte der Spitalhalle.

Nigde, Aladdin-Moschee, erbaut 1223. Dreischiffige Pfeilerhalle mit fünf Bogenstellungen. Die Joche haben Tonnenwölbungen. Nur der Vormichrabraum und die beiden Joche links und rechts vom Michrabraum haben Kuppelwölbungen. Wie bei den anderen seldschukischen Hallen ist auch hier eine grosse Öffnung am Kuppelscheitel die eigentliche Lichtquelle. Die Steinbautechnik zeigt eine eindeutige Verwandtschaft mit der regionalen christlichen Steinbautradition.

nössischen Moscheenbaus in Kleinasien. Das dritte Joch des Mittelschiffes war ursprünglich nicht überwölbt. Die verglaste Kuppel sowie die „Türkischen Dreiecke[48]" als Übergang zur Kuppel sind spätere Zutaten. Alle fünf Schiffe sind gleich hoch, die Kuppel über dem Michrabraum hat nur wenige kleine Fenster. Die eigentliche Lichtquelle ist also die Öffnung im dritten Joch.

Ein weiterer fünfschiffiger und längsgerichteter Bau in Kleinasien ist die Grosse Moschee von Niksar, die wegen dieser Übereinstimmung oft mit der Grossen Moschee von Divrig zusammen erwähnt wird. Ihre Raumwirkung ist jedoch mit Divrig überhaupt nicht vergleichbar. Die Moschee von Niksar besteht aus 35 (5 x 7) gleichbemessenen quadratischen Jochen. Jedes ist, mit Ausnahme des Joches vor dem Michrabraum, mit Kreuzgewölben überdeckt.

In der Aladdin-Moschee in Nigde hingegen begegnen wir einer ähnlichen Lichtführung wie in Divrig. Die Aladdin-Moschee ist ein dreischiffiger, längsgerichteter Bau, sie ist schmäler als die Moschee von Divrig. Da aber alle Joche hier aus quergelagerten Rechtecken bestehen, wird die Entstehung einer Raumbewegung in der Längsrichtung zurückgebunden. Hier sind die Joche mit Spitzbogentonnen überwölbt und die Pfeiler in beiden Richtungen mit Gurtbogen verbunden. Ihre Schnittfläche ist kreuzförmig. Sie haben Basen aus flachen Steinplatten und keine als selbständige Teile ausgearbeiteten Kapitelle, nur schmale, gesimsartige Profile an den Breitseiten der Kreuzarme. Die Technik der Steinbearbeitung, der dreischiffige Grundriss, vor allem die Profile an den Pfeilerbogenübergängen und am Gewölbe sind für den islamischen Moscheenbau ungewohnte Erscheinungen und zeigen eine eindeutige Verwandtschaft mit der armenischen Architektur (St. Gregor in Tzakhador, 11.–13. Jahrhundert; St. Gayan in Echmiadzin, gegründet 630; der Klosterkomplex von Sanahin u. a.).

Ähnliche längsgerichtete dreischiffige gewölbte Pfeilerhallen in Kleinasien sind: Die Kale-Moschee in Divrig, die Sungur-Bey-Moschee in Nigde und die Gök-Medrese in Amasya.

Die Grosse Moschee von Kayseri (1140) und die Huand-Moschee in Kayseri (1237). Grosse Moschee: Fünfschiffige Pfeilerhalle, Kuppel über dem Michrabraum, zwei Achsen einnehmend. Die niedrigen Pfeiler sind mit Spitzbogen (in beiden Richtungen) verbunden, die einzelnen Joche haben Tonnenwölbungen. Das Quadrat des Michrabraumes wird an drei Seiten von durchgehenden Tonnen gewölbt. Eine ähnliche Grundrissform und Raumordnung zeigt die Huand-Moschee, ebenfalls in Kayseri. Dieser Bau ist grösser in der Fläche und regelmässiger in der Einteilung der Joche. Er ist im Prinzip eine Pfeilerhalle, bestehend aus 80 quadratischen Jochen, acht in der Quer- und zehn in der Längsrichtung. Auch diese Moschee zeigt eine ähnliche Raumeinteilung wie die Grosse Moschee. In der Mitte der Pfeilerhalle befindet sich ein ungewölbter Raum von gleicher Grösse wie der Michrabraum (2 x 2 Joche). An der Nordwestecke bleibt ein rechteckiger Raum (2 x 3 Joche) von der Bethalle ausgespart. So entsteht ein kleiner Innenhof zwischen der Moschee und der angeschlossenen Medrese. Hier befindet sich die Türbe (Grabbau) der Stifterin Huand Hatun.

Eine ähnliche Raumordnung treffen wir auch in der Grossen Moschee von Erzerum, gebaut 1135.

Die Aladdin-Moschee in Konya. Da dieser Bau in seiner heutigen Gestalt ein Produkt verschiedener Bauetappen ist, vereinigt er fast alle Elemente,

Konya, Aladdin-Moschee, Anfang des 12. Jahrhunderts, der Michrab und die Kuppel des Vormichrabraumes.

Kayseri, Huand-Hatun-Moschee, erbaut 1237. Achtschiffige Pfeilerhalle mit zehn senkrechten zur Kiblawand laufenden Bogenstellungen und Steingewölbe.

Afyon, die Grosse Moschee, zwei Holz-
kapitelle.

Afyon, die Grosse Moschee, erbaut
1273. Neunschiffige, flachgedeckte Bethalle ohne Bogenstellungen, mit Holz-
säulen und Holzkapitellen.

die in den zeitgenössischen Moscheenbauten vorkommen. Man nimmt an, dass der Michrab und der Raum davor die ältesten Teile sind. Die Michrabinschrift trägt das Datum 1155.
Auch die flachgedeckte Pfeilerhalle westlich vom Michrabraum ist älter als die östliche, ebenfalls flachgedeckte Säulenhalle. Die Säulen dieses Flügels stammen aus den byzantinischen Kirchen der Umgebung. Mit ihrer Holzdecke und dem „Achsengitter" ist die östliche Bethalle der einzige „arabische" Raum im ganzen seldschukischen Kleinasien.

Die Grosse Moschee von Silwan. Grosser, hoher Kuppelraum, an zwei Seiten dreischiffige Bethallen, entlang der Nordwand ein durchgehendes viertes Schiff. Die Bedeutung der zentralen Kuppel über dem Michrabraum erscheint hier markanter als in allen anderen Moscheen Kleinasiens. Das Verhältnis des Kuppelraumes zur Gesamtfläche der Bethalle beträgt in der Huand-Moschee in Kayseri etwa 1:20, in Erzerum 1:9, in Wan 1:6 und in Silwan etwa 1:4. Solche quergelagerte zwei-dreischiffige Pfeilerhallen mit einem dominierenden, die ganze Länge einnehmenden Kuppelraum in der Mitte sind charakteristisch für die Moscheen des südöstlichen Kleinasiens: Die Grosse Moschee von Mardin und Dunayschir (beide 12. Jahrhundert) zeigen eine ähnliche Raumordnung, nur mit dem Unterschied, dass ihre „Seitenflügel" nicht drei-, sondern zweischiffig sind.
Bei der Abdullatif-Moschee in Mardin (1363) wird das dritte, der Nordwand entlanglaufende Schiff ausgelassen. Somit bekommt die Kuppel eine noch prägnantere Stellung.
In der Babi-Sur-Moschee (1371) und im Moscheenraum der Sultan-Isa-Medrese, beide in Mardin, besteht der Innenraum aus einem quadratischen Kuppelraum und zwei gleichgrossen tonnengewölbten Räumen, die ihn seitlich flankieren. *Somit verschwindet die Vorstellung von Pfeilerhallen als Betraum. Zum erstenmal wird der Innenraum der Moschee von ihren Grenzen her bestimmt.*
Das älteste Beispiel einer ähnlichen Raumordnung ist der Haramraum der Grossen Moschee in Harput. Das gleiche Prinzip setzt sich im 14. Jahrhundert in verschiedenen Varianten in den Moscheen von Hasan Keyf fort.

Die Grosse Moschee von Afyon. Neben der Vielfalt der Erscheinungsformen der Pfeilerhallen bilden die Holzmoscheen in Westanatolien eine kleine Gruppe für sich. Die Grosse Moschee in Afyon und die Eschrefoglu-Moschee in Beyschehir sind die beiden repräsentativen Beispiele dieses Typus. Beide Moscheen sind Säulenhallen ohne Bogenstellungen und mit

Die folgenden sechs Beispiele zeigen die verschiedenartigen Kuppelübergangslösungen, die im 13. Jahrhundert in Kleinasien angewendet wurden. Pendentifs und Trompen, wie man sie in Kirschehir und Nigde trifft, gehen auf die regionale christliche Architektur zurück. Neu und typisch für die seldschukische Architektur in Kleinasien sind hingegen die Übergänge mit aufgefächerten Dreiecken oder mit „Türkischen Dreiecken". Diese Übergangslösungen kommen nur an den Backsteinbauten vor.

flacher Holzdecke. In beiden Moscheen ist versucht worden, durch breitere Säulenabstände und eine leichte Erhöhung der Decke im Mittelschiff die Mittelachse hervorzuheben. Jedoch bleibt diese Bemühung im Raumerlebnis ohne Wirkung. Wie in den arabischen Säulenmoscheen bestimmt auch hier die Vielzahl der gleichartigen Stützen die Raumwirkung.

Das Resultat dieser Gesamtschau über den Moscheenbau des 12. und 13. Jahrhunderts in Kleinasien lässt sich in drei Punkten zusammenfassen:
1. Weder die persische Vier-Iwan-Hofmoschee noch die arabische Stützenmoschee wird in ihrer reinen Form übernommen.
2. Es entstehen keine völlig neuartigen Raumentwürfe.
3. Bei näherer Betrachtung zeichnen sich gewisse Entscheidungen ab.
Pfeilerhallen mit grösseren Vormichrabräumen (Wan, Erzerum, Kayseri) treten nach der Mitte des 13. Jahrhunderts nicht mehr auf; auch die flachgedeckten Holzmoscheen setzen sich nicht durch.
Hingegen entfalten sich nach dem Zusammenbruch des Seldschukenreiches der Typus der südöstlichen Moscheen (Mardin, Silwan usf.) sowie die Pfeilerhallen mit beschränkter Jochzahl (Grosse Moschee in Divrig, Aladdin in Nigde usf.) weiter.
Die raumdefinierende Funktion der Pfeiler und Bogenreihen erlischt zusehends, während die Aussenwände und Kuppeln immer mehr an Bedeutung gewinnen.
Anders ausgedrückt: Eine Abneigung gegen die „endlose Wiederholung" des gleichen und die Herrschaft der horizontalen Ausdehnung im Mosche-

Konya, Indsche-Minare-Medrese, erbaut 1258.

Kirschehir, Dschadscha-Bey-Medrese, erbaut 1272.

enraum wird erkennbar. Die Innenräume werden zwar nicht kleiner, aber übersichtlicher. Das Verhältnis von Horizontale und Vertikale wird ausgeglichener. In der Grossen Moschee von Siwas (um 1200) ist das Verhältnis der Raumhöhe zur Breite 1:9; in der Huand-Moschee bei Kayseri (erbaut 1237) 1:6; in Abdullatif zu Mardin (erbaut 1363) 1:4.

Die anatolischen Moscheen der Seldschukenzeit besitzen keine Innenhöfe mehr, daher auch keine Möglichkeit, das Licht vom Hof her einfallen zu lassen. Hingegen hat die Tradition der unverglasten Öffnungen am Kuppelscheitel in Kleinasien bis in die frühosmanische Zeit weitergelebt, etwa in der Grossen Moschee in Bursa und in der Eski-Moschee in Edirne (beide später verglast).

Die anatolischen Moscheenräume beziehen ihr Licht zum Teil auch von kleinen Fensterreihen an der Aussenwand. Zwar kann bei den Moscheen von Kayseri, Divrig oder Erzerum nicht von einer systematisierten Fassadengestaltung die Rede sein. Dennoch wirkt hier, von der Strasse her gesehen, das sauber gearbeitete, schmucklose Mauerwerk der Aussenwände unprätentiös, aber durch seine ruhige ungegliederte Fläche imposant.

In der Literatur über den anatolischen Moscheenbau der Seldschukenzeit wird wiederholt die Meinung vertreten, die ehemals ungewölbten Joche im Zentrum der Moscheen von Erzerum und Kayseri seien ursprünglich völlig ungedeckt gewesen und stellten ein „Überbleibsel" des Vier-Iwan-Hofes dar[49], als eine „Erinnerung" an die monumentalen Höfe der östlichen Heimat. Dass die immensen Höfe der persischen Moscheen in Anatolien auf Flächen von 15 bis 20 m² zusammengeschrumpft sind (in der

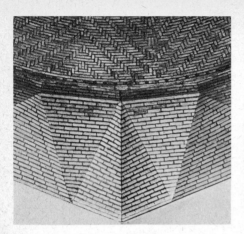

Konya, Sirtschali-Medrese, erbaut 1242.   Nigde, Aladdin-Moschee, erbaut 1223.

Huand-Moschee sind es beispielsweise 5 x 5 m) wird mit dem rauhen Klima der kleinasiatischen Hochebene begründet.

Mit Recht begegnet Dogan Kuban[50] dieser allzu rationalistischen Argumentation mit der Feststellung, das Klima in Ostturkestan und Afghanistan, wo die Tradition der grossen Innenhöfe entstanden ist, sei nicht milder. Auch darf nicht übersehen werden, dass im 16. und 17. Jahrhundert der offene Hof in Gestalt des Vier-Iwan-Hofes unter der Herrschaft der Timuriden in Buchara und Samarkand erneut einen Aufschwung nahm. Kuban bemerkt, dass eine grössere Öffnung in der Mitte der Bethalle den Raum im anatolischen Winter völlig unbrauchbar macht. Er vermutet, dass die winzigen ,,Höfe'' der anatolischen Moscheen ursprünglich überdacht waren mit aus leichtem Material (eventuell Holz) konstruierten Gewölben, die eine grössere Lichtöffnung am Scheitel hatten. Die mittleren, später verglasten Jochwölbungen der Grossen Moschee in Divrig oder der Aladdin-Moschee in Nigde zeigen eindeutig, dass solche Lösungen üblich waren.

Es ist vor allem die östliche Tradition der Lichtführung, direktes Licht vom Scheitel der Gewölbe, worin sich die seldschukischen Moscheen von ihren armenischen Vorbildern unterscheiden. Der Kuppeltambour der armenischen Kirchen ist fast immer erhöht und mit einer Fensterreihe versehen. Diese Beleuchtungsweise erzeugt eine Helligkeitssteigerung in der vertikalen Dimension; das Gewölbe scheint schwerelos über der Lichtzone zu schweben (St. Gayan, St. Johann in Masatara, St. Hiripisme usf.[51]).

104

Nigde, Aladdin-Moschee.

Nigde, Aladdin-Moschee, Stalaktitenkonsole als Bogenträger.

Für die islamische Architektur ist das Problem der Hell-Dunkel-Gegensätze oder der Steigerung der Helligkeitswerte im selben Raum nie zu einem raumgestalterischen Mittel geworden. Auf diese Frage werde ich nach dem Vergleich der osmanischen mit den byzantinischen Kuppelräumen zurückkommen. In einigen armenischen Kuppelräumen des 13. Jahrhunderts, beispielsweise im Bibliothekssaal und Refektorium des Klosters von Haghbat, finden wir ebenfalls die direkte Lichtführung vom Kuppelscheitel her. Da in diesen Räumen als Kuppelübergänge stalaktitengefüllte Trompen und „Türkische Dreiecke" erscheinen, kann man annehmen, dass die armenischen Baumeister, die an den Moscheen der Seldschuken mitbauten, diese Lösungen von dort übernommen haben. Sie werden jedoch nur für Gebrauchsräume (Bibliothek, Essaal) verwendet, was zeigt, dass diese Art der Lichtführung der christlichen Vorstellung vom Sakralraum fremd war.

Die vom Osten her einwandernden Türken waren Meister im Backsteinbau und in der Kunst des farbigen Ziegelornaments. In Kleinasien, besonders in den östlichen Gebieten der Halbinsel, bestand jedoch eine jahrtausendealte Steinbautradition, die nach dem ersten christlichen Jahrhundert in den Kirchen- und Klosterbauten der Armenier eine grosse Entwicklung erfuhr. So wurden die armenischen Kirchen zu Vorbildern beim Übergang von der Backsteintechnik zur Steintechnik. Es ist so gut wie sicher, dass armenische Werkmeister beim Bau der seldschukischen Moscheen grossen Anteil hatten. Daher ist es nicht verwunderlich, wenn bereits am Anfang des 13. Jahrhunderts technisch meisterhaft bewältigte Bauten wie die Grosse Moschee von Divrig oder die Aladdin-Moschee in Nigde entstehen konnten.

Die Eigenart der westseldschukischen Architektur kann jedoch kaum von der neu angenommenen Steintechnik her erklärt werden. Der Drang nach ausgeglicheneren Raumproportionen, die immer mehr sich verdeutlichende Neigung zu artikulierteren, übersichtlicheren Raumdispositionen und schliesslich *die neue Definition des Raumes als einer von seinen Grenzen her (Wände und Decke) bestimmten Einheit* sind Erscheinungen, die nicht von der Bautechnik und den übernommenen Bauformen abhängig sind.

Die osmanische Kuppelmoschee

Die Pfeilermoschee der frühosmanischen Zeit

Im neu entstandenen Osmanischen Reich wird dem Prinzip der Pfeilerhalle ein Ende gesetzt. Es entstehen zwar noch — hauptsächlich im 15.
Jahrhundert — einige Pfeilermoscheen in Anatolien und im neueroberten
Balkangebiet. Die Raumvorstellung, die ihnen zugrunde liegt, ist jedoch
eine ganz andere. Diese Moscheen unterscheiden sich von den seldschukischen Pfeilerhallen durch ihre Proportionen, die Regelmässigkeit ihrer
Joche und die Art der Lichtführung. Die Anzahl der Joche wird stark reduziert. Die grösste der osmanischen Pfeilermoscheen ist die Grosse Moschee in Bursa (5 x 4 Joche, 1394), während die Moscheen von Edirne,
Filibe (Plovdiv) und Sofia (alle drei 15. Jahrhundert) 3 x 3, also bloss
neun Joche haben. Obwohl in diesen Bauten primär auch Pfeiler und Bogen den Raum konstituieren, entsteht hier keine horizontale Raumausdehnung. Das Achsengitter, das die Struktur der arabischen Stützenmoschee betont und auch in den vorangehenden seldschukischen Moscheen
Kleinasiens eine Rolle spielte, verliert hier seine Bedeutung.
Im Inneren der Huand-Moschee oder der Grossen Moschee von Kayseri
beispielsweise nimmt der Besucher primär die Folge der Bogenstellungen
in beiden Richtungen wahr. Es ist also nicht die Decke, sondern die Bodenfläche, die die Einheit des Raumes herstellt. Das Licht, das an zwei
Stellen (Michrabkuppel und mittlerer „Hof") konzentriert in den Raum
eindringt, lässt in den mittleren Zonen den mit farbigen Teppichen belegten Boden aufleuchten. Diese Art der Lichtführung betont nicht die di-
versen Wölbungsformen, vielmehr die Ausdehnung und Weite der tragenden Bödenfläche. Zwar ist die Einbeziehung des Bodens als raumbestim-
mendes Element auch für die osmanische Pfeilermoschee charakteristisch,
jedoch sind hier die Aussenwände und die Gewölbe von gleichwertiger
Bedeutung.

Bursa, Orhan-Gazi-Moschee, 1339

Bursa, Yildirim-Bayazid-Moschee, 1390

Bursa, Yeschil-Moschee, 1413

Bursa, Murad-II.-Moschee, 1446

Istanbul, Machmud-Pascha-Moschee, 1462

Istanbul, Murad-Pascha-Moschee, um 1470

Amasya, Sultan-Bayazid-Moschee, 1486

Zu den Tafeln 17 und 18: Die schlichte kuppelgewölbte Würfelform ist die Grundform der frühesten osmanischen Moscheen. Diese Raumform spielt bis ins 18. Jahrhundert hinein eine wichtige Rolle. In Bursa, am Ende des 14. Jahrhunderts, entsteht der sogenannte ⊥-Grundriss: Zwei ineinandergehende Kuppelräume, flankiert von zwei niedrigeren Kuppelräumen. Kleinere Stützenhallen mit kuppelgewölbten Jochen sind die dritte Form des frühosmanischen Moscheenraumes. Der Drang nach einem grossen einheitlichen Zentralraum entsteht nicht, wie allgemein angenommen, erst nach der Eroberung von Konstantinopel. Die Ütsch-Scherefeli-Moschee in Edirne

Istanbul, Hagia Sophia, 6. Jh.

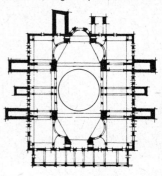

Bursa, Grosse Moschee, 1394

Edirne, Grosse Moschee, 1403

Bilecik, Orhan-Gazi-Moschee, 14. Jh.

Bursa, Aladdin-Moschee, 1335

Iznik, Hadschi-Özbek-Moschee, 1333

Iznik, Yeschil-Moschee, 1378

Edirne, Sultan-Bayazid-Moschee, 1484

Istanbul, alte Fatich-Moschee, 1463

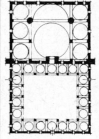

Istanbul, Atik-Ali-Moschee, 1497

Istanbul, Bayazid-Moschee, 1501

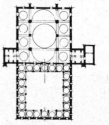

108

mit ihrer Kuppel von 24 m Durchmesser bildet einen wichtigen Wendepunkt in der Geschichte der osmanischen Architektur. Sie wurde sieben Jahre vor der Eroberung von Konstantinopel vollendet.

In der neuen Hauptstadt Istanbul erfährt der osmanische Kuppelbau wesentliche Erneuerungen: Verschiedene Kombinationen von Zentralkuppel und Halbkuppeln werden versucht (Atik-Ali-, Eski-Fatich- und Bayazid-Moschee).

Auch im Werk von Sinan spielt die Auseinandersetzung mit den byzantinischen Wölbungsformen anfänglich eine entscheidende Rolle. In seinen späteren Moscheen greift Sinan auf zwei frühere osmanische Bauten zurück: Die Grosse Moschee von Manisa und die Ütsch-Scherefeli in Edirne. Die erstere bildet den Ausgangspunkt für seine Achteck-Moscheen (Rüstem Pascha, Selimiye, Azap Kapi), während er die Grundrissform der Ütsch-Scherefeli-Moschee in Edirne für seine Sechseck-Moscheen zum Vorbild nimmt (Sinan Pascha und Sokullu).

Sinan selber kommt nicht mehr auf die Lösungen von Schechzade, Süleymaniye und Michrimach zurück (Kombinationen von Zentralkuppel mit Halbkuppeln vom gleichen Durchmesser). Doch nach seinem Tode wirkt eher sein Frühwerk auf die Nachfolger. Die Moscheen Sultan Achmed, Yeni Walide und Yeni Fatich sind Beispiele dafür.

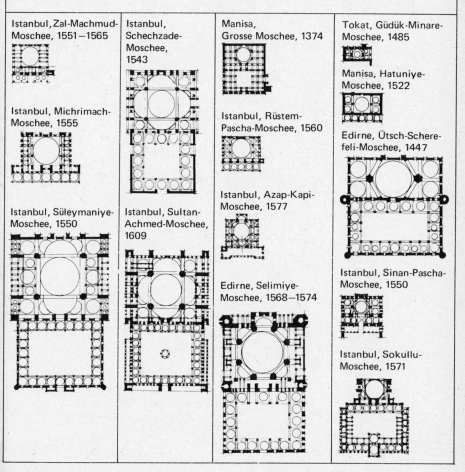

Istanbul, Zal-Machmud-Moschee, 1551—1565

Istanbul, Michrimach-Moschee, 1555

Istanbul, Süleymaniye-Moschee, 1550

Istanbul, Schechzade-Moschee, 1543

Istanbul, Sultan-Achmed-Moschee, 1609

Manisa, Grosse Moschee, 1374

Istanbul, Rüstem-Pascha-Moschee, 1560

Istanbul, Azap-Kapi-Moschee, 1577

Edirne, Selimiye-Moschee, 1568—1574

Tokat, Güdük-Minare-Moschee, 1485

Manisa, Hatuniye-Moschee, 1522

Edirne, Ütsch-Scherefeli-Moschee, 1447

Istanbul, Sinan-Pascha-Moschee, 1550

Istanbul, Sokullu-Moschee, 1571

Im ersten Teil dieser Arbeit habe ich das ordnende Prinzip der arabischen Bethalle als Achsengitter bezeichnet. Die frühosmanische Pfeilerhalle könnte als eine Folge von kubischen Raumeinheiten gesehen werden, die ihr Schwergewicht in sich tragen. Oder — anders ausgedrückt — als eine Summe von gleichwertigen Raumzentren, die primär als solche wirken und zwischen denen keine Achse entsteht.

Mit dem Beginn der osmanischen Bautätigkeit akzeptiert die neuentstehende Raumkonzeption keine andere Wölbungsform mehr als die der Kuppel. Wenn auch in den frühosmanischen Pfeilermoscheen nicht von einer geschlossenen Raumeinheit gesprochen werden kann, so doch von einer Zusammenfügung von gleichwertigen Raumeinheiten. Es sind übersichtliche Räume, ihre Grenzen sind für den Besucher von jedem beliebigen Punkt aus wahrnehmbar. Die Breite, die Tiefe und die Höhe des Raumes sind im selben Augenblick erfassbar. Der Raum präsentiert sich als eine messbare Grösse, als eine von seinen Grenzen her bestimmte Einheit. Mit dieser neuen Funktion der Raumgrenzen, beziehungsweise der Aussenwände und der Wölbung, bekommt das Fenster eine neue Bedeutung. Die Wände werden oft von zweistöckigen Fensterreihen durchbrochen, die von allen Seiten Licht in den Raum hineinströmen lassen. Tiefliegende mit ihrer Brüstung den Boden berührende Fenster sind für den osmanischer Moscheenraum von Anfang an kennzeichnend.

Die alte Tradition — ein ungewölbtes Joch in der mittleren Zone der Moschee — lebt nur noch andeutungsweise in den Grossen Moscheen von Edirne und Bursa weiter. In Bursa ist es das zweite Joch in der Mitte, in Edirne das mittlere Joch gleich am Eingang. Da das Innere dieser Moscheen von den seitlichen Fenstern gut beleuchtet wird, ist das Oberlicht hier kaum noch von raumgestalterischer Bedeutung.

Die Einraummoscheen

Diese schlichte Form mit quadratischem Grundriss und einer einfachen, halbkugelförmigen Kuppel erscheint bereits in den dreissiger Jahren des 14 Jahrhunderts in Westanatolien (Bursa, Iznik, Bilecik usf.) und entfaltet sich im 15. und 16. Jahrhundert weiter. In der Bayazid-Moschee in Edirne, in der Sultan-Selim-Moschee in Istanbul und der Michrimach-Moschee (Istanbul-Edirnekapi) nimmt sie monumentale Formen an und erfährt schliesslich im 18. Jahrhundert in den sogenannten Barockmoscheen von Istanbul einen neuen Aufschwung.

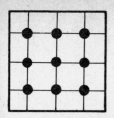  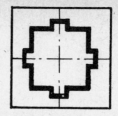 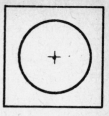

Schematische Darstellungen der Grundformen des islamischen Moscheenraumes. Von links nach rechts: Die arabische Stützenhalle. Die kleinasiatische Pfeilermoschee. Die persische Vier-Iwan-Hofmoschee. Die osmanische Zentralkuppelmoschee.

Es tönt geradezu paradox, von der „Entwicklung" oder „Entfaltung" eines Raumtypus zu sprechen, dessen Grundform aus einem Würfel und einer Halbkugel besteht und der diese Grundform weiterhin beibehält. Wenn hier trotzdem von einer gewissen Entwicklung gesprochen wird, so geschieht dies einzig in bezug auf die Durchbildung der Raumschale. Wenn wir die Aladdin-Moschee in Bursa, die Hadschi-Özbek- und die Yeschil-Moschee in Iznik chronologisch betrachten, so stellen wir fest, dass die Übergangszone vom Quadrat zur Kuppel (in allen drei Räumen in Form „Türkischer Dreiecke" gestaltet) immer höher angesetzt wird und sich in den beiden genannten Moscheen von Iznik, von aussen gesehen, bereits als freistehender Tambour präsentiert. Nach der Eroberung von Konstantinopel verschwinden allmählich die „Türkischen Dreiecke". Pendentifs werden als Übergang zur Kuppel häufiger angewendet, und es wird ein Fensterkranz am Kuppelansatz eingeführt. In der Bayazid-Moschee in Edirne sind die Fenster im Tambour dichter angesetzt. Der Tambour ist aber zum Teil noch im Mauerkörper eingebettet. Parallel zur Einführung des Fensterkranzes im Kuppeltambour weisen auch die Aussenwände mehr Fensteröffnungen auf. Ein freistehender Tambour begegnet uns zum erstenmal in der Selimiye-Moschee in Istanbul.

Die Doppelkuppelmoschee

Dieser Typus wird in der Literatur „Bursa-Moschee" genannt oder als ⊥-Moschee bezeichnet, weil das früheste Beispiel in Bursa auftritt (Orhan Gazi, gebaut 1339) und die Grundrissformen tatsächlich einem umgekehrten „T" gleichen.

Abdullah Kuran, der Autor einer ausgezeichneten kleinen Studie[52] über die frühosmanischen Moscheen, nennt diese Gruppe „Kreuzachsenmoscheen".

Kuran schliesst sich einer Theorie an, die in der Literatur häufig wiederholt wird und meines Wissens auf Ernst Diez zurückgeht. Sie besagt, dass dieser Typus in den seldschukischen Kuppelmedresen in Anatolien vorgebildet wurde und dass diese Medresen mit ihren auf den mittleren Kuppelsaal sich öffnenden Iwanen eine dem Klima Kleinasiens angepasste Form des persischen Vier-Iwan-Hofes sind[53]. Kuran bemerkt allerdings, dass keine der anatolischen Kuppelmedresen tatsächlich vier Iwane hat. Es sind überhaupt wenige Kuppelmedresen in Anatolien zu treffen. Die älteste ist die Yagi-Basan-Medrese in Niksar (gebaut 1151). Sie hat nur zwei im rechten Winkel angeordnete Iwane. Die Karatay-Medrese und die Indsche-Minare (beide in Konya) haben nur einen grossen Iwan. Die Dschadscha-Bey-Medrese in Kirschehir hat drei Iwane. Die Kuppeln aller vier Medresen haben einen Okulus im Scheitel und kein Seitenlicht im Mittelsaal. Es geht mir in dieser Arbeit um das Verständnis der Raumstrukturen verschiedener Moscheentypen. Daher möchte ich mich nicht näher mit Herkunftsfragen befassen. Dennoch scheint es mir in diesem Zusammenhang wichtig, auf zwei Punkte hinzuweisen:

1. Neben diesen wenigen kuppelgewölbten Medresen gibt es im ganzen Kleinasien eine grosse Anzahl Hofmedresen. Nur einzelne unter ihnen haben jedoch vier gleichwertige Iwane[54] in der Kreuzachse. Diese Tatsache widerspricht der Auffassung, die Entstehung der kleinasiatischen Kuppelmedresen sei auf das rauhe Klima Anatoliens zurückzuführen.

2. Die neuere, besonders die russische Forschung[55] über die Bauformen in Ostturkestan, der alten Heimat der Seldschuken, zeigt, dass hier Grundrisse mit zentralem Kuppelsaal und vier Iwanen häufig vorkommen. Diese Form ist besonders typisch für das Wohnhaus.

Nach den Beschreibungen des Chronisten Istchari (geb. 747) war die Dar-el-Imara, das Wohnhaus von Abu Muslim, dem arabischen Gouverneur von Merw, ein Zentralkuppelbau mit vier angeschlossenen Iwanen[56]. Da dieses Grundschema der arabischen Raumvorstellung völlig fremd ist, kann man annehmen, dass der Zentralkuppelsaal in dieser Gegend eine alte Tradition hatte.

Die früheste der anatolischen Doppelkuppelmoscheen ist die Orhan-Gazi-Moschee in Bursa, die späteste die Sultan-Bayazid-Moschee (1486) in Amasya. Zwischen diesen beiden Bauten entstehen eine ganze Reihe von Moscheen dieser Art in Bursa und Umgebung; später auch einige in der neuen

Konya, Karatay-Medrese, erbaut 1251, der Hauptsaal mit Iwan. Das Bassin befindet sich in der Mitte des Saales. Das Licht vom Okulus fällt direkt auf die Wasserfläche, durch Spiegelung wird die Helligkeit im Raume gesteigert.

In der Bayazid-Moschee in Amasya (links), in der Machmud-Pascha-Moschee in Istanbul, 1462 (rechts), und in der Murad-Pascha-Moschee in Istanbul, 1470 (rechts aussen), verbindet je ein grosser Bogen die beiden gleich grossen Kuppelräume miteinander.

Hauptstadt Istanbul. Ähnlich wie die Einraummoschee erfährt auch die Doppelkuppelmoschee eine bestimmte Wandlung.

Um diese Wandlung zu verdeutlichen, wähle ich einige Beispiele aus dem 14., zwei aus der ersten Hälfte und drei aus der zweiten Hälfte des 15. Jahrhunderts.

Die Orhan-Gazi-Moschee in Bursa (1339): Man betritt den Hauptraum durch einen kleinen kuppelgewölbten Vorraum, eine Art Windfang. Arkadenvorhallen und kleine Vorräume sind typisch für die Moscheen von Bursa. Sie dienen als Windfang und gleichzeitig als Zugang zu den seitlichen Schulräumen und zur Sultansloge im oberen Stockwerk. Der Hauptraum präsentiert sich hier als eine Folge von zwei gleich grossen kuppelgewölbten Räumen. Der erste liegt tiefer, einige Stufen führen zum zweiten Raum hinauf, der mit dem ersten durch einen grossen, die ganze Breite des Raumes einnehmenden Bogen verbunden ist. An den Seitenwänden des ersten Raumes befinden sich zwei niedrige Bogenöffnungen, die Einblick in die seitlichen Kuppelräume gewähren. Die seitlichen Bogenöffnungen sind halb so breit und ungefähr halb so hoch wie der grosse Bogen der die beiden Haupträume verbindet. Die beiden grossen Kuppelräume wirken so eindeutig in sich ruhend, dass hier trotz der längsgerichteten Grundrissform niemals von einer Längsachse die Rede sein kann, geschweige von der Bildung einer Querachse. Eine ähnliche Raumordnung treffen wir in der Moschee von Murad II., der Yildirim-Moschee und der Yeschil-Moschee in Bursa.

Die Achsenverschiebung, die man zwischen den seitlichen Bogen und dem Mittelpunkt des Hauptraumes beobachten kann, beweist, dass eine strenge

Kreuzachsenbildung nicht angestrebt wurde. Die Moscheen Murad Pascha und Machmud Pascha in Istanbul unterscheiden sich von ihren Vorgängern in Bursa durch zwei wesentliche Merkmale. Die beiden Haupträume sind gleich hoch und haben keinen Niveauunterschied mehr. Auch die kuppelgewölbten Seitenräume sind deutlich niedriger gehalten. In der Machmud Pascha sind sie vom Hauptraum durch Korridore getrennt, das heisst zwischen dem Hauptraum und den Seitenräumen gibt es keine direkte Verbindung mehr. In der Murad-Pascha-Moschee sind die Seitenräume durch dicke Wände getrennt; nur kleine Türen stellen die Verbindung zwischen ihnen und dem Hauptraum her.

In der Sultan-Bayazid-Moschee in Amasya sind die Seitenräume mit dem Hauptraum durch drei niedrige Bogenöffnungen verbunden. Dass der Pfeiler zwischen dem ersten und dem zweiten Bogen ausgerechnet an der Querachse des ersten Kuppelraumes steht, widerspricht eindeutig der Theorie einer vermeintlichen Kreuzachsenordnung bei diesem Moscheentypus.

Zusammengefasst lässt sich feststellen:

In den früheren Moscheen Orhan Gazi und Yildirim ist das Verhältnis der Abmessungen zwischen dem grossen Kuppelraum und den Seitenräumen wie folgt: Bodenfläche 2:3, Höhe 1:3. In der Yeschil-Moschee (etwa fünfzig Jahre später) ist das Bodenflächenverhältnis ungefähr 1:4, Höhe 1:2.

In den Moscheen, die nach der Mitte des Jahrhunderts entstehen, werden die Abmessungen der Seitenräume noch einmal stark reduziert. Man kann also hier von einer Entwicklung sprechen, die der Idee der Kreuzachse geradezu entgegenläuft.

Wäre der Vier-Iwan-Hof ursprünglich die inspirierende Idee für die Raumordnung der Bursa-Moscheen gewesen, so hätte sie, wenn auch in abgewandelter Form, weitergewirkt und wäre nicht, wie wir beobachten konnten, so rasch abgebaut worden.

Es ist daher fragwürdig, bei den osmanischen Moscheenräumen von Achsen beziehungsweise von Achsenbildung in der horizontalen Dimension zu reden. Abdullah Kuran widerspricht mit seinen trefflichen Charakterisierungen dieser Innenräume seiner eigenen Theorie von den Kreuzachsen: „Die stets angewendete Grundeinheit im osmanischen Moscheenraum ist Quadrat und Kuppel. Räume von dieser Gestalt zeigen nie eine Tendenz zur seitlichen Ausdehnung. Auch wenn einige solcher Einheiten aneinandergefügt und Wände zwischen ihnen ausgelassen werden, entsteht dennoch kein Raumfluss von einer Einheit zur anderen. Die Niveauunterschiede des Bodens und die grossen Bogen zwischen den beiden grossen Kuppelräumen (Murad, Yeschil u. a. in Bursa) blockieren jegliche Raumbewegung, die Kuppeln zentrieren die Räume zu in sich ruhenden Einheiten[57]."

Nicht nur die rein geometrische Form oder die Disposition der Raumvolumen lässt die Erfahrung dieses In-sich-Geschlossen-Seins in den osmanischen Kuppelräumen zur Grunderfahrung werden. Dieselbe Art „absoluter" zeitentrückter Ruhe, die wir in der Struktur der persischen Iwane festgestellt haben, manifestiert sich hier in neuer Gestalt. In einer früheren Arbeit[58] habe ich die Eigenart der frühosmanischen Raumschale durch einen Vergleich mit zeitgenössischen Renaissancebauten zu zeigen versucht:

„Der Innenraum der Yeschil-Moschee in Bursa zum Beispiel ist vollständig in sich geschlossen; er steht in keiner Weise und in keiner Richtung mit etwas anderem in Beziehung — ein kühler, kristallartiger Raumkörper umschliesst den Besucher. Die Grenzen des Raumes sind so beschaffen, dass jedes Gefühl für Bewegung und jede Ahnung einer bestimmbaren Richtung verlorengehen.

Die Ruhe, die hier herrscht, entspringt nicht dem Ausgleich gegensätzlicher Kräfte. Nicht ein ausgewogenes Zusammenklingen differenzierter Richtungen bringt sie hervor, ihr Geheimnis liegt in der eigentümlichen Struktur der Raumgrenzen. Dieser Innenraum wirkt so, als wäre er durch Aushöhlen eines einzigen Steinblocks entstanden. Der Wandfläche fehlt jede tektonische Gliederung. Scharf und hartkantig treffen die Wände aufeinander, nirgends verrät sich ein Wirken von Kraft, ein Aufbau nach den Gesetzen des Tragens und Lastens."

Der Vergleich mit der Frührenaissance-Architektur Italiens macht uns die

Amasya, Bayazid-Moschee, die Westwand des Vormichrabraumes. Der Innenraum ist heller, die Wände wirken dünner und leichter als in den Bursa-Moscheen. Nicht mehr „Türkische Dreiecke", sondern vier kleine Halbkuppeln und acht Pendentifs bilden den Übergang zur Kuppel.

Amasya, Bayazid-Moschee, erbaut 1486. Eine der spätesten Doppelkuppelmoscheen in Kleinasien. Die beiden Kuppeln sind gleich gross, die seitlichen Flügel sind wesentlich niedriger im Vergleich zu den früheren Beispielen dieses Typus in Bursa.

117

Bursa, Yeschil-Moschee,
erbaut 1413, Blick in den
Vormichrabraum. „Türki-
sche Dreiecke" als Kuppelübergang.

Eigentümlichkeiten dieser Baustruktur deutlicher. Brunelleschi lässt beispielsweise Pilaster, Bogen und Gebälk durch dunkle Farbe hervortreten,
um sie von der weissgetünchten Wandfläche abzuheben. Sie betonen so
die ausgeglichene Dynamik, unterstreichen den tektonischen Aufbau, lassen uns das Kräftespiel bewusst werden, das in der Wand vor sich geht.
In der Yeschil-Moschee dagegen bleibt der tektonische Aufbau unsichtbar;
Stütze und Last kommen nicht ins „Gespräch". Charakteristisch für dieses
Verschleiern sind vor allem die sogenannten Stalaktiten, die die Übergänge von senkrechten zu waagrechten Flächen bilden. Die Forschung führt
dieses Motiv auf die alten Holzbaukonstruktionen[59] zurück. Auch wenn
dies richtig ist, sollte die Frage gestellt werden, warum ausgerechnet ein
der Natur des Steines nicht unmittelbar entsprechendes Element für die

118

Verschiedene Kapitellformen in den osmanischen Moscheen.
Oben: aus der Vorhalle der Sokullu-Moschee in Istanbul.
Rechts oben und rechts: Haseki-Hurrem-Külliye in Istanbul. Beide Bauten von Sinan.

osmanische Steinarchitektur so charakteristisch geworden ist. Und nicht nur charakteristisch, sondern sogar konstitutionell für ihre Struktur. Der Stalaktit, dieses uralte Dekorationsmotiv der islamischen Baukunst, erlangt in der osmanischen Baukunst eine geradezu zeichenhafte Kraft. Die neuartige Deutung der Materie, des Steines, kommt nirgends so deutlich zum Ausdruck als in ihm. Wir treffen derartige Gebilde besonders an den Teilen des Raumes, wo Stütze und Last zusammentreffen, wo Stützen (in Form von Säulen oder Wänden) der Last entgegenkommen: also an den „kritischen" Punkten.
Im Innenraum der Yeschil-Moschee ist der Übergang von der Kuppel zu den Wänden — vom Kreis zum Quadrat — als Faltentambour gestaltet, der aus prismatischen stalaktitenartigen Gebilden besteht. Auch die Kämpfer

119

des grossen Bogens zwischen den beiden Haupträumen ruhen auf Konsolen, die wiederum als Stalaktiten geformt sind.

Gerade jene Stelle, wo die Last eine feste Stütze finden sollte, wird als Stalaktit, also wie ein gefrorener niederhängender Körper gestaltet. Die Vorstellung vom Stein hat somit zwei Aspekte: den der kristallischen Härte und Starre und den der Gewichtslosigkeit. Der Stein wird hier von unten nach oben, von aussen nach der Tiefe zu, Schicht für Schicht ausgehöhlt, ausgemeisselt, ausgeschliffen.

Der Stalaktit ist seiner physikalischen Natur nach die versteinerte Form einer tropfenden Flüssigkeit. Er entsteht dadurch, dass das tropfende Gehänge, bevor es sich von der Gesamtmasse loslöst, sich verfestigt und hängenbleibt. Ein versteinertes Gebilde also, das durch ,,Gefrieren'' (Verkalken) vom Gesetz der Schwerkraft befreit zu sein scheint.

Wie wird dabei die Beziehung zwischen Stütze und Last erfasst? Es herrscht eine Struktur, die jenseits der tektonischen Gesetzmässigkeiten steht, eine Struktur, die, ähnlich den Kristallformationen der Natur, einem geometrischen Gesetz unterworfen ist, das unabhängig von der Schwerkraft waltet.

Die Stalaktitkonsolen, die mit Stalaktiten gefüllten Kuppelpendentifs und der Faltentambour, so wie sie uns in der Yeschil-Moschee entgegentreten, verkörpern die Erstarrung der Last, das Erstarren der in der Materie latenten Kräfte. Durch ,,Einfrieren'' wird der Stein von seiner Schwere befreit, gleichzeitig aber in ein kristallartiges Gebilde verwandelt. Die prismatischen Körper, die den Faltentambour bilden, wirken ebenfalls in diesem Sinn: das Übergangsfeld von der Kuppel zu den tragenden Wänden wird in seiner richtungsweisenden Komponente neutralisiert. Die rhombischen Flächen heben den Gegensatz von Horizontalen und Vertikalen auf: die gleichzeitig nach oben und nach unten gerichteten Facetten dieses gürtelähnlichen Bauteiles wirken so, als ob die Last der Kuppel in ihnen eingefangen und festgehalten, neutralisiert, werden würde.

Die späteste der Doppelkuppelmoscheen ist die Sultan-Bayazid-Moschee in Amasya. Zwischen ihr und der Yeschil-Moschee in Bursa liegen nicht nur etwa sechzig Jahre, sondern auch das für das Schicksal des Osmanischen Reiches bedeutendste Ereignis: die Eroberung der byzantinischen Metropole Konstantinopel. Neben dem Innenraum der Yeschil-Moschee wirkt der Innenraum der Sultan-Bayazid-Moschee heller, heiterer, beschwingter. Die Raumschale erscheint hier auffallend leichter und ,,dünner''. An Stelle des Faltentambours und der kleinen Fenster ist ein Fensterkranz getreten. Nicht mehr ,,Türkische Dreiecke'' oder Stalaktiten,

sondern vier kleine Halbkuppeln und acht Pendentifs bilden den Übergang vom Quadrat zur Kuppel.
Trotz diesen Unterschieden ist das Strukturprinzip das gleiche geblieben. Auch hier bilden die Raumgrenzen (Kuppel und Wände) eine Schale aus einem Guss. Die Kuppel wirkt weder auf den Wänden „ruhend" noch über ihnen „schwebend". Die Spitzen der Pendentifs enden auf acht Stalaktitenkonsolen. Damit wird die Last der Kuppel durch acht Bogen auf acht Punkte verteilt und dort zum „Gefrieren" gebracht, die Schale der beiden grossen Kuppelräume erscheint als einheitliches Raumvolumen.

Die Moscheen von Manisa und Edirne

Gegen Ende des 14. Jahrhunderts entstehen in der westanatolischen Stadt Manisa einige Moscheen, die zu dem sich seit dem Anfang des Jahrhunderts in Bursa entwickelnden neuen osmanischen Stil keinerlei Beziehungen aufweisen. Die Bauherren dieser Moscheen sind die Lokalfürsten der Gegend, Saruhanogullari und Aydinogullari.
Die Grosse Moschee in Manisa (1376), auch die im gleichen Jahr errichtete Isa-Bey-Moschee bei Efes (Ephesus) haben wenig mit den seldschukischen Moscheen Mittel- oder Ostanatoliens gemeinsam. Hingegen stellt man hier eine erstaunliche Verwandtschaft mit den Moscheen des südöstlichen Kleinasiens fest. Auch gewisse Einflüsse der lokalen christlichen Bautradition, besonders in der Gestaltung der Fassaden, sind nicht zu verkennen.
Die Grundrissform der Grossen Moschee in Manisa erinnert an die Grosse Moschee von Silwan und ihr kleiner, von zweireihigen Arkaden umgebener Hof an den Hof der Grossen Moschee von Harput. Der Hof von Manisa ist ein kleiner Innenhof, der ein Gegengewicht zur kuppelüberwölbten Bethalle darstellt. Trotz der Ähnlichkeit der Grundrissform zeigt die Grosse Moschee von Manisa im Aufbau ein von den Pfeilerhallen des Ostens unterschiedliches Bild. Sowohl die Grosse Moschee wie auch die Isa-Bey-Moschee sind Säulenhallen mit Bogenverbindungen in den beiden Richtungen. Die Bogenreihen werden von einem Ankergitter verstärkt. Die Säulen stammen zum grössten Teil aus byzantinischen Kirchen der Umgebung. Ein weiterer Unterschied, was die Raumwirkung betrifft, ist die Art des Kuppelüberganges. In Silwan geschieht der Übergang durch vier hohe Trompen, und der Kuppelraum ist entschieden höher als die Pfeilerhalle.

Manisa, die Grosse Moschee, erbaut 1374, die Bethalle.

In Manisa ruht die Kuppel direkt (ohne Faltentambour oder Fensterkranz) auf acht Pendentifs, die von der Kiblawand und sechs Pfeilern getragen werden. Dieser Raum ist zwar grösser als die anderen Joche, aber nur ganz wenig höher und zudem noch dunkler als diese.

Die Isa-Bey-Moschee ist ein zweischiffiger, breitgelagerter Raum mit einem erhöhten Mittelschiff, überwölbt von zwei gleichgrossen Kuppeln. Der Grundriss ist also ähnlich dem Typus Diyarbakir, Mardin und Dunayschir. Es ist bisher nicht untersucht worden, wie die Zusammenhänge mit dem Osten zustande gekommen sind. Hier werden sie nur deshalb erwähnt, weil die osmanische Architektur in der ersten Hälfte des 15. Jahrhunderts von dieser Grundrissform aus neue Impulse empfing.

1452 fiel die byzantinische Hauptstadt Konstantinopel endgültig in die

Manisa, die Grosse Moschee, Teilansicht des Vormichrabraumes. Die Kuppel ruht auf sechs Pfeilern und der Kiblawand. Der Übergang vom Quadrat zum Achteck geschieht durch vier Spitzbogen an den Ecken.

Manisa, die Grosse Moschee, der Hof. Die Säulen stammen zum Teil aus spätantiken Tempeln der Gegend.

Hände der Osmanen. Fünf Jahre vor der Eroberung Konstantinopels wurde in der damaligen Hauptstadt Edirne die Ütsch-Scherefeli-Moschee vollendet, die auf Befehl Murads II. im Jahre 1438 begonnen wurde. In diesem Bau tritt eine Reihe von neuen Formen und Raumgedanken in Erscheinung, die vor allem durch die Art ihrer vollendeten Ausführung den Architekturhistoriker geradezu verwirren muss. Verglichen mit den übrigen osmanischen Moscheen ist hier neu:

1. Die Form des Grundrisses.
2. Die neue Bedeutung, die der mittlere Kuppelraum erhält.
3. Der Vorhof in seiner völlig neuen Gestalt, die von nun an für die Höfe der grossen osmanischen Sultansmoscheen Vorbild sein wird.

Die Kuppel der Ütsch-Scherefeli-Moschee ist die bisher grösste in der hundertjährigen Geschichte des osmanischen Moscheenbaus; sie hat einen Durchmesser von 24 m, ist also ungefähr doppelt so gross wie die der Yildirim- oder Yeschil-Moschee in Bursa. Überhaupt herrscht hier eine andere Grössenordnung. Der grosse Kuppelraum wird von zwei Seitenräumen flankiert, die von je zwei Kuppeln überwölbt sind. Jeder der beiden Seitenräume der Ütsch-Scherefeli-Moschee hat beinahe die Abmessungen des Hauptraumes einer Sultansmoschee in Bursa. Die Hauptkuppel wird an der Kibla- und Eingangsseite von den Aussenwänden und an den Seiten von je einem wuchtigen Pfeiler gestützt. So entsteht ein Sechseck als Kuppelbasis. Dabei ergeben sich an den Ecken des Hauptquadrates vier rechtwinklige Dreiecke mit je einer kleinen Kuppel, eine bisher noch nirgends versuchte Lösung. Der amerikanische Forscher Godfrey Goodwin, der kürzlich ein umfassendes Buch, eine Art Inventaraufnahme der osmanischen Architektur, herausgegeben hat[60], sieht die Moscheen von Manisa als die Inspirationsquelle für den Innenraum der Ütsch-Scherefeli-Moschee und führt diese ,,revolutionäre Umwandlung'' des osmanischen Moscheenraumes auf den glücklichen Entscheid von Murad II. zurück, sich nach seinem freiwilligen Thronverzicht nach Manisa zurückzuziehen. Goodwins Gedanke, dass die Anregung für die neue Raumordnung der Ütsch-Scherefeli-Moschee von Manisa ausging, scheint überzeugend. Doch woher der Impuls und der Mut zu diesem, für die bisherige osmanische Moscheenbautradition überdimensionierten Kuppelbau kam, bleibt unbeantwortet. Wenn wir die Grundrisse von Manisa und Edirne nebeneinander halten, fällt vor allem auf, dass dem Michrabraum grössere Bedeutung zugemessen wird. In Manisa ist das Verhältnis des Michrabraumes zur Gesamtfläche der Bethallen 1:4, in Edirne 1:2. Der Hof von Manisa mit seinen doppelreihigen Arkadengängen und die Bethalle mit ihrem kuppelüberwölbten

Michrabraum haben buchstäblich den gleichen Grundriss; der offene Innenhof und der überwölbte Michrabraum sind zwei Mittelpunkte von gleichem architektonischem Gewicht.

In Edirne tritt uns eine endgültige, bewusst gehandhabte Hierarchie in der Anordnung verschiedener Raumeinheiten entgegen. Der Hauptkuppelraum beherrscht innen wie aussen die Gesamtkomposition, die Seitenräume bieten eine Erweiterung, ohne die eindeutige Vorrangstellung des Hauptraumes und seiner mächtigen Kuppel zu beeinträchtigen. Der Hof ist in seinen Abmessungen bedeutend grösser als der Hof von Manisa (Manisa 10 x 10 m, Edirne 20 x 45 m). Er funktioniert jedoch eindeutig als Vorhof, als Vorraum zum imposanten Innenraum und tritt nicht als ein zweites Zentrum des gesamten Raumgefüges auf.

Zwei weitere Einzelheiten, die hier zum erstenmal in Erscheinung treten, möchte ich nur kurz erwähnen: die Strebebogen aussen am Kuppelansatz und die zweistöckige Fensterordnung an den Fassaden. Mit erstaunlicher Sicherheit und grossem Können werden hier die neuen Raum- und Konstruktionsprobleme gelöst, so dass die hier getroffenen Lösungen für die Moscheen der folgenden Jahrhunderte kanonhafte Bedeutung erlangen.

Fünf Jahre nach der Vollendung der Ütsch-Scherefeli-Moschee wird die byzantinische Hauptstadt Konstantinopel erobert. Dieses für das Schicksal des Osmanischen Reiches so wichtige Ereignis bedeutet auch einen Wendepunkt in der Weiterentwicklung der Architektur. Unter dem gewaltigen Eindruck der justinianischen Hofkirche Hagia Sophia geriet das, was im Hinblick auf die Raumordnung in der Ütsch-Scherefeli-Moschee erprobt wurde, jedoch für einige Zeit in Vergessenheit.

Nach der Eroberung von Konstantinopel

Der Überblick über die osmanische Baugeschichte von den Anfängen bis zur Eroberung Konstantinopels hat zu folgenden Ergebnissen geführt. Die Bedeutung der Raumgrenzen (die Raumschale) für die Gestalt der Moscheenräume einerseits und die adynamische, achsenfreie Struktur dieser Innenräume anderseits wurden als die beiden Grundeigenschaften der neuen Raumvorstellung hervorgehoben. Beim Betrachten des letzten Beispiels, der Ütsch-Scherefeli-Moschee, kommt eine dritte hinzu: der eindeutige Wille zu einer hierarchischen Raumordnung, die sich in der dominierenden Stellung des mittleren Kuppelraumes zeigt.

In der neu eroberten Hauptstadt Istanbul begegneten die osmanischen

Bauherren (die Sultane und ihre Wesire) und ihre Baumeister einer Reihe von byzantinischen Zentralkuppelkirchen, darunter vor allen der Hagia Sophia. In diesen Bauten waren die Probleme, die die osmanischen Architekten seit einem Jahrhundert beschäftigten — Zentralkuppel und Schalenkonstruktionen —, auf eine meisterliche Art gelöst.

Der Wandel der Kuppelübergangslösungen in den Istanbuler Moscheen:

Istanbul, Schechzade-Moschee, das Frühwerk von Sinan, erbaut 1545. Die Hauptkuppel ruht auf vier mächtigen Pfeilern, vier Pendentifs bilden den Übergang zur Kuppel.

Istanbul, Rüstem-Pascha-Moschee, erbaut 1560. Sinans erster Versuch mit dem Oktogon: vier kleine Halbkuppeln bilden hier den Übergang zur Kuppel.

Der entscheidende Eindruck, den die Hagia Sophia auf die türkischen Architekten machte, ist also weniger auf ihre Grösse und Pracht, sondern viel mehr auf ihre strukturelle Entsprechung zurückzuführen. Dieses einmalige Bauwerk wurde für die Erbauer der Moscheen, die sich darum bemühten, der neuen Hauptstadt ein islamisches Gesicht zu geben, von nun an zu einer Herausforderung und zum Massstab, vor denen sich ihr Können zu bewähren hatte[61].

Ein kurzer Überblick der ersten fünfzig Jahre nach der Eroberung zeigt folgendes Bild: In den bereits besprochenen Moscheen Machmud Pascha

Istanbul, Michrimach-Moschee in Üsküdar, erbaut 1546. Auch in diesem Frühwerk versucht Sinan ähnlich wie in der Schechzade-Moschee den Kuppelübergang mit Pendentifs zu gestalten.

Istanbul, Atik-Ali-Moschee, erbaut 1497. Der früheste Bau in Istanbul, wo die Erweiterung der Hauptkuppel durch eine Halbkuppel versucht und als Übergang Pendentifs angewendet werden.

und Murad Pascha lebt die in Bursa begonnene doppelkupplige Raumordnung weiter. In der an Stelle der justinianischen Apostelkirche gebauten Moschee des Eroberers Mechmed II. und in den Moscheen Atik Ali (1497) und Rum Mechmed (1469) erfährt dieser Raumtypus eine Verwandlung. An Stelle des quadratischen, mit einer Kuppel überwölbten Michrabraumes tritt ein Michrabraum mit länglichem Grundriss und einer Halbkuppel. Damit werden in der Geschichte der osmanischen Kuppelarchitektur die ersten Versuche unternommen, die *Zentralkuppel mit einer Halbkuppel zu verbinden*. Als Übergang vom Quadrat zum Kreis werden dabei fast ausschliesslich Pendentifs verwendet. Mit diesen von den byzantinischen Wölbungsformen inspirierten Lösungen wird der Weg zu einer Reihe von neuen Wölbungskombinationen freigemacht. Diese einseitige Verbindung von Kuppel und Halbkuppel hebt die Zentralsymmetrie auf und betont die Vorrangstellung einer der vier Seiten, eine Lösung, die man häufig an der Ostseite (Apsiswand) der christlichen Kirchen findet. Die Verbindung der Hauptkuppel mit zwei Halbkuppeln (die Lösung der Hagia Sophia) unterstreicht die Bedeutung der Längsrichtung, ohne die Grundidee der Zentralsymmetrie völlig aufzugeben.

Beide Lösungen stehen im Grunde mit der inneren Struktur des osmanischen Raumes im Widerspruch. Sie wurden jedoch in osmanischen Moscheenbauten im Laufe der Jahrhunderte mehrmals versucht. Die Moschee des Eroberers, gleich nach der Einnahme der Stadt errichtet, fiel im 18. Jahrhundert einem Erdbeben zum Opfer. An der nach dem gleichen Grundrissschema gebauten Atik-Ali-Moschee können wir jedoch beobachten, wie einer dieser frühesten Versuche verwirklicht wurde. Die fast bis zum Boden reichenden Pendentifs mit Stalaktiten, die Höhendifferenz zwischen Kuppel und Halbkuppel, hauptsächlich aber die merkwürdig ,,stillose'' Gestaltung der Eckpilaster vor dem Michrabraum zeugen von der Unsicherheit im Umgang mit den neuen Formen. Diese Unsicherheit fällt besonders auf, wenn wir an die meisterhaft gelösten Raum- und Gewölbedispositionen der Ütsch-Scherefeli-Moschee in Edirne oder etwa der Bayazid-Moschee in Amasya denken.

Die Moschee desselben Herrschers in Istanbul, ein Werk des Architekten Hayreddin, ist die erste osmanische Moschee, die nach einem ähnlichen Grundriss- und Wölbungsschema wie dem der Hagia Sophia gebaut wurde, ein Zentralkuppelraum mit zwei Halbkuppeln sowie zwei ,,Seitenschiffen'' die aus je vier quadratischen kuppelgewölbten Jochen bestehen. Die Kuppel wird, ähnlich wie in der Hagia Sophia, an den Längsseiten von zwei Schildwänden gestützt, eine neue Erscheinung in der osmanischen Wöl-

Amasya, Bayazid-Moschee. Der Schub der Kuppel wird aussen von kleinen freistehenden prismatischen Türmchen abgefangen.

Amasya, Bayazid-Moschee, der Kuppelübergang vom Viereck zum Achteck.

bungsbehandlung. Pendentifs ohne Stalaktitenfüllung bilden hier den Kuppelübergang. Trotz dieser formalen Anpassung ist aber das Innere der Bayazid-Moschee ein osmanischer und nicht ein byzantinischer Raum. In der Sophienkirche scheinen alle sphärischen Formen ineinanderzugleiten, weil an den Übergängen Profile fehlen. Dieses ungehinderte Ineinandergleiten der Gewölbe wird in der Bayazid-Moschee konsequent vermieden. In der Hagia Sophia markiert bloss eine Kante den Übergang von den Hauptbogen zu den beiden Halbkuppeln. In der Bayazid-Moschee hingegen hängen breite Bogenleibungen in den Raum hinein. Jedes Raumvolumen erscheint hier als eine klar abgegrenzte Einheit. Die Hauptkuppel der Moschee wird durch einen versteckten Tambour leicht gestreckt, während die Kuppel der Hagia Sophia eine reine Halbkugel ist und von unten gesehen flacher wirkt. Ein grundsätzlicher Unterschied zeigt sich vor allem in der Art, wie die seitlichen Räume den Hauptraum ergänzen. In der Hagia Sophia bilden die Seitenschiffe mit ihren Galerien eine dunkle Hülle um den helleren Mittelraum. Die Aussenwände der Seitenschiffe spielen für die Gestalt des Hauptraumes keine Rolle. In der Bayazid-Moschee hingegen sind die Raumgrenzen vollkommen übersichtlich; sie ergänzen den Hauptraum im gleichen Sinn. So entsteht ein heller einheitlicher Raum, der uns wie ein fester, unbewegter Körper umfängt.

Die Bayazid-Moschee steht am Anfang einer für die osmanische Tradition neuen Raumkomposition und ist deshalb nicht ganz frei von gewissen stilistischen Unsicherheiten. Beispielsweise ist der Höhenunterschied zwischen dem Ansatz der Halbkuppel und den Schildwänden unbefriedigend. Die Meisterschaft des Architekten Hayreddin können wir hingegen dort erkennen, wo er frei von byzantinischen Leitbildern, das heisst aus eigener Tradition heraus, schafft, in der Proportionierung des Portals und der Hoffassaden der Moschee oder etwa in der Gesamtdisposition der Bayazid-Külliye in Edirne[62].

Die Verschiedenheit der drei Bauten, die den Namen des gleichen Herrschers tragen — Sultan-Bayazid-Moschee in Amasya, Sultan-Bayazid-Moschee in Istanbul und Bayazid-Külliye in Edirne —, zeigt die Vielfalt der Probleme auf, die den Moscheenbau in der zweiten Hälfte des 15. Jahrhunderts prägen. Der Architekt Hayreddin steht am Anfang dieser Auseinandersetzung, die durch die Begegnung mit einer neuen, völlig anders gelagerten Kultur hervorgerufen wurde. Im Werk von Sinan, dem Hofarchitekten des Sultans Süleyman, wird sich die Auseinandersetzung fortsetzen, neue Aspekte bieten und schliesslich zu neuartigen Formulierungen führen Es ist überraschend, dass man die Geschichte des islamischen Moscheenbaus von seinen Uranfängen bis zur Mitte des 15. Jahrhunderts als eine anonyme, kollektive Leistung betrachten muss, um nun plötzlich von Architektenpersönlichkeiten, ihren individuellen Bemühungen und Entscheidungen, ja vom Werk einer bestimmten Künstlerpersönlichkeit zu sprechen[63].

Es ist das Zeitalter der Renaissance, einer Epoche, in der auch im Westen der Sakralbau nicht mehr das Werk eines Bauhüttenkollektivs ist, sondern nun zur schöpferischen Leistung einzelner Künstler wird. Wie weit diese Erscheinung in der osmanischen Baukunst mit der europäischen Renaissance zusammenhängt, dieser Frage nachzugehen, würde die Grenzen dieser Arbeit überschreiten. Interessant ist jedoch die Tatsache, dass zur richtigen Zeit der geeignete Mann, in Person des Architekten Sinan, in Erscheinung trat und den Wunsch der osmanischen Herrscher erfüllen konnte. Dieser Wunsch des Sultans Süleyman und seines Sohnes und Nachfolgers Selim war kein geringerer, als Bauten errichten zu lassen, die sowohl im künstlerischen Rang wie in ihrer Aussageintensität als „Gegenpole" zur justinianischen Hofkirche Hagia Sophia Bestand haben sollten.

Das Werk von Sinan

Sinan gehört nicht, wie seine Zeitgenossen Bramante oder Michelangelo, zu einer Gruppe von Künstlern, die von einer bestimmten Architektur-

theorie getragen wird. Er unterscheidet sich von seinen westlichen Zeitgenossen, die oft auch bedeutende Theoretiker waren, vor allem durch den Gegenstand seiner Studien. Nicht ein humanistisch geprägtes Suchen neuer Massstäbe und Werte in der griechisch-römischen Bautradition beschäftigte ihn. Sein Glaube an die absolutistische Staatsmacht und an die Vorschriften des Islams bleibt — trotz seinen weltweiten Reiseerfahrungen — von solchen Überlegungen unberührt. Der Gegenstand, mit dem er sich systematisch auseinandersetzt, ist die Hagia Sophia und ihre Raum- und Konstruktionsprobleme. Sein Ehrgeiz — durch seine eigenen Notizen belegt — ist es, diesen kolossalen Kuppelbau nicht nur künstlerisch, sondern auch technisch zu überflügeln: ,,... diejenigen, die sich in den christlichen Ländern als Architekten hervortun, stellen die Behauptung auf, sie wären den Mohammedanern in ihrer Kunstfertigkeit überlegen, dass diese es bisher nicht erreicht haben, so eine Kuppel wie die der Hagia Sophia zu errichten. Die Behauptung, so eine Kuppel zu bauen, sei äusserst schwierig, hat im Herzen des Ärmsten (das heisst in seinem Herzen) eine tiefe Wunde geschlagen. Mit Gottes Hilfe und des Sultans Gnade ist es mir gelungen, an der Moschee des Sultan Selim die Kuppel im Durchmesser vier, in der Höhe sechs Zira (= Ellen) höher zu bauen.'' Die Hagia Sophia war die Hofkirche Justinians, der erste monumentale Sakralbau des ersten christlichen Kirchenstaates. Dazu einen osmanischen Gegenpol von gleicher Pracht und Grösse zu setzen, wurde für Sinan zur Lebensaufgabe. Sinan wurde zum ,,Architektenfürsten'' der Glanzzeit des Osmanischen Reiches, vom Sultan dazu bestimmt, den Weltruhm seiner Dynastie in Bauten zu verewigen. Wie sein Ausgangspunkt, so sind auch die Ergebnisse, die dieser ausserordentlich begabte Mann in seinem Werk erreicht hat, völlig verschieden von denen seiner westlichen Zeitgenossen.
Noch einige kurze Angaben über seine Herkunft, sein Leben und seine Ausbildung: Weder das Geburtsjahr noch der -ort, beziehungsweise die Herkunft von Sinan, konnten bisher mit Sicherheit festgestellt werden. Die vorhandenen Dokumente widersprechen sich oft. Albanien, Serbien, sogar Österreich auf der einen Seite, die Gegend von Kayseri auf der anderen werden ihm als Heimat zugeschrieben. Als Geburtsjahr wird 1491 angenommen. Dass Sinan als ,,Devschirme'', als ,,Eingesammelter'', nach Istanbul kam, um als Janitschare eingezogen zu werden, ist so gut wie sicher. Sicher auch, dass er Sohn christlicher Eltern war, da die ,,Devschirme''-Knaben üblicherweise unter den begabten Söhnen nichttürkischer Familien ausgesucht wurden.
Aus der Selbstbiographie von Sinan erfahren wir, dass er als Janitschare

in verschiedenen Funktionen eine Reihe von Feldzügen miterlebt hat, so die Feldzüge nach Rhodos und Belgrad, später als „berittener Jäger" denjenigen nach Mohacz (Ungarn): „... wurde ich dann zum Yayabaschi (Hauptmann der Infanterie) und später Zemberekbaschi (Chef der Mechaniker) ernannt und habe den Feldzug nach Bagdad mitgemacht. Als ich zurückkam, wurde ich Leibgardeoberst und begleitete den Sultan nach Korfu und Balia und nach Kara Bodan." Wenn wir das Jahr 1491 als Geburtsjahr annehmen, so war er gegen fünfzig, als er zum Hofarchitekten ernannt wurde.

Sinans erstes grösseres Bauwerk entstand ausserhalb von Istanbul, vermutlich während seines Aufenthaltes als Feldingenieur in Syrien. Der damalige Statthalter von Syrien, Husrev Pascha, gab ihm den Auftrag für eine Külliye in Aleppo. Die Moschee besteht aus einem würfelförmigen Einraumbau, ähnlich der Moschee der Bayazid-Külliye in Edirne.

Die eigentliche Auseinandersetzung Sinans mit den byzantinischen Wölbungsformen beginnt mit dem Bau der Schechzade-Moschee in Istanbul und wird fortgesetzt mit der Michrimach-Moschee (Istanbul-Edirnekapi) und der Grossen Moschee des Sultans Süleyman. Die Geschichte dieser Auseinandersetzung und die Entwicklung von Sinans eigenem Stil habe ich in meiner Arbeit „Die Osmanische Türkei" zu beschreiben versucht. Diese Beobachtungen möchte ich hier in gekürzter Form wiedergeben.

Hayreddins Werk, die Bayazid-Moschee in Istanbul, war der erste Versuch, die byzantinischen Grundriss- und Wölbungsformen eigenen Zwecken anzupassen. Als nun vierzig Jahre später Sinan an das gleiche Problem heranging, war ihm manche Schwierigkeit bewusst geworden, auf die Hayreddin nur ahnend stiess. Das Werk Hayreddins gab Sinan die Gelegenheit, anschaulich zu überprüfen, inwieweit die byzantinischen Formelemente für die eigenen Zwecke anwendbar waren. In drei Grossen Moscheen, die Sinan innerhalb der folgenden fünfzehn Jahre errichtete, hat er versucht, das Planschema der Hagia Sophia auf drei grundsätzliche Arten zu variieren. In der Schechzade(Prinzen)-Moschee wird die achsensymmetrische Form der Hagia Sophia in eine zentralsymmetrische verwandelt. Zwölf Jahre später wagt er eine kühnere Konstruktion: In der Michrimach-Moschee lässt er die Halbkuppeln überhaupt weg und stützt die Kuppel auf die Schildwände. Diese Moschee war eine Stiftung der Prinzessin Michrimach, der Tochter von Süleyman.

Die Datierung der Moschee ist noch nicht eindeutig geklärt, sie schwankt zwischen 1540 und 1555. Also ist sie entweder drei Jahre vor der Prinzen-Moschee vollendet worden oder erst zwölf Jahre nachher. Die stilistische

Istanbul, Zal-Machmud-Pascha-Moschee. Der quadratische Hauptraum wird an den Nord-, Ost- und Südseiten von hohen Galerien eingefasst. Die Aussenwände der Galerien haben die gleiche Höhe wie die vier Hauptbogen. Eine einmalige Lösung unter Sinans verschiedenen Raumentwürfen.

Sicherheit und Reife dieses Werkes macht die spätere Datierung eher wahrscheinlich. Ein anderer Bau von Sinan, den er im Auftrag von Zal Machmud Pascha im Vorort Eyüb gebaut hat, bekräftigt diese Vermutung. In diesem um vier Jahre jüngeren Bau, der durch seine kubische Geschlossenheit stark an die frühosmanischen Bauten erinnert und nicht nach Michrimach gebaut sein kann, versucht Sinan zum erstenmal, die Kuppel direkt auf den Aussenwänden, die als Schildwände gestaltet sind, aufruhen zu lassen. So könnte dieser Bau als eine Vorstufe gelten, in der Sinan diese neue Lösung erprobt hat.

In der Süleymaniye schliesslich, wo er die Hagia Sophia nicht nur künstlerisch, sondern auch in den Dimensionen überflügeln wollte, kommt er wieder auf das Halbkuppelsystem zurück. Bereits in der frühesten dieser drei Bauten, in der *Schechzade-Moschee*, gelang es Sinan, die Stileigenschaften der frühosmanischen Baukunst auf einer anderen Ebene und mit anderen

Istanbul, Zal-Machmud-Pascha-Moschee, die Kuppel des Zentralraums mit den frei in den Raum „hängenden" Pendentifs, im Hintergrund die Aussenwand der östlichen Galerie.

Mitteln neu zu formulieren. Die byzantinischen Formelemente werden von Sinan in dieser neuen Gestaltung mit Meisterschaft dem ursprünglichen Sinne der eigenen Baukunst dienstbar gemacht. Die kristallhafte Struktur des Steines, welche sich in der frühosmanischen Architektur als Geschlossenheit und Unaufgeteiltheit der Raumgrenzen zeigt, wird in den Bauten Sinans wieder durch eine neue Art des Gliederns erreicht — durch ein Gliederungsverfahren nämlich, das sich von der Gesamtform zur Einzelform entfaltet.

Vergeblich würde ein an der griechischen Architektur oder an den Bauten der Renaissance geschultes Auge nach selbständigen Baugliedern suchen. Im Bau von Sinan bildet die Kuppel den Ausgangspunkt zur Gliederung des Ganzen; aus ihr heraus entfalten sich die Bogen sowie die kleineren Halbkuppeln und kleineren Bogen. Diese Formentfaltung vollzieht sich von oben nach unten. Alle diese Elemente bilden eine derartig eng zusammengewachsene Einheit, dass man in diesem Komplex von sphärischen Schalen nicht sogleich feststellen kann, wo die Grenze zwischen Stütze und Last eigentlich liegt, ob die Kuppel von den Bogen und diese von den Pfeilern getragen werden oder ob die Kuppel selbst alles umfasst und zusammenhält. Ein eindeutiges Spannungsverhältnis ist hier jedenfalls nicht

Istanbul, Michrimach-Moschee bei Edirnekapi, erbaut 1556, der Innenraum: ein quadratischer Raum mit niedrigen Seitengalerien. Vier „dünne" durch dreigeschossige Fensterreihen aufgelockerte Schildwände und vier mächtige Pendentifs bilden die Übergangszone zwischen dem Betraum und der Kuppel.

Istanbul, Süleymaniye-Moschee, Kuppel- und Halbkuppelkonstruktionen der Südostecke.

sofort zu erkennen. In einem Renaissancebau ist die Kuppel immer der Abschluss, sozusagen eine zusammenfassende „Antwort" auf Säulen und Gewände. Im Bau des Sinan erscheint hingegen die Kuppel als der „Anfang": sie ist massgebend für die Gliederung der gesamten Raumschale.

Die Michrimach-Moschee in Istanbul. Die Michrimach-Moschee ist der nächste grössere Bau, bei dem Sinan das gleiche Problem von einer anderen Seite her zu lösen versucht. In der Schechzade hatte er vier Halbkuppeln angewendet; hier lässt er die Halbkuppeln überhaupt weg. Vier dünne, mit Fenstern aufgelockerte Schildwände und vier sphärische Zwickel bilden die Übergangszone zwischen dem quadratischen Hauptraum und der Kuppel. Sinan verwendet an diesem Bau kaum mehr alttürkische Elemente. Stalaktiten beispielsweise bleiben nur auf die Säulenkapitelle beschränkt. Hier unternimmt er den Versuch, die von der byzantinischen Architektur entlehnten Bauformen (Schildwände und Pendentifs) in ihrer eigenen Ge-

stalt zu überwinden. Die Raumgrenzen der Michrimach-Moschee wirken im Vergleich zu den Wänden der Schechzade-Moschee sehr dünn. Harte, scharf gezogene Kanten grenzen die verschiedenen Flächen ab, unterstreichen die Übergänge. — Ein anderer Aspekt, der uns stark an die Hagia Sophia erinnert, ist die Ecklösung: auch in der Michrimach finden die Schildbogen keinen festen Träger. Aber gerade an dieser formalen Ähnlichkeit wird uns klarer bewusst, dass die künstlerische Auswirkung dieser analogen Ecklösungen nicht die gleiche ist. Die Raumgrenzen der Michrimach wirken nicht, als ob sie „herabhingen"; sie schweben nicht wie eine „schwerelose" Glocke. Sie erinnern uns vielmehr an eine dünne Porzellanschale. Bei näherem Betrachten stellen wir fest, dass Sinan auch hier das gleiche Strukturprinzip anwendet wie in der Schechzade-Moschee. Eine eigentliche Differenzierung zwischen Bogen, Pilastern und Füllwänden findet nicht statt. Die Zwickel und die Schildbogen sind nicht voneinander unterschieden, die Oberfläche der Bogenleibungen geht unmittelbar in die sphärischen Flächen über. Die eng zusammenlaufenden Enden der Schildbogen schmelzen anderseits mit der unteren Bogenwand zusammen. Wenn wir alle wie Füllwände erscheinenden Teile wegdächten, so würden die zurückbleibenden Teile — nämlich die Schildbogen und die unteren Bogenwände — kein Gerüst ergeben, das sich selbständig aufrechterhalten könnte. Nichts lässt sich von dem Wandsystem einzeln wegnehmen; alle Teile wirken wie zusammengefroren. Mit dieser Beobachtung kommen wir wieder auf eine wesentliche Eigenschaft der altosmanischen Bauweise zurück, nämlich auf eine Deutung des Steines, der im „Versteinern", im „Gefrieren" begriffen zu sein scheint.
Die Festigkeit und Härte dieser Raumschale schliesst die Wirkung des Schwebens und der Weite aus. Die gleichmässige Lichtführung trägt noch zusätzlich dazu bei, dass der Innenraum selbst zu einem festen, dichten, kompakten „Körper" wird.

Die Süleymaniye-Moschee in Istanbul. Mit der Moschee für Süleyman errichtet Sinan eines der bedeutendsten Bauwerke der türkischen Architektur. Mit ihm wollte er der Welt zeigen, dass er „mehr könne als die Griechen". Es markiert innerhalb seines Lebenswerkes einen Wendepunkt. Sinan entschliesst sich, den Grundriss der Hagia Sophia im Prinzip zu übernehmen — ein im Grunde paradoxer Einfall! Denn gerade an diesem Bau setzte sich Sinan das Ziel, die Kirche Justinians zu überflügeln. Warum dann ausgerechnet die gleiche Grundrissform? Wenn man die Reihenfolge Schechzade — Michrimach — Süleymaniye überblickt, so erscheint dieser Dreischritt von Bauwerk zu Bauwerk wie ein mit Absicht ausgeführtes Programm. Zuerst erprobt er die beiden entgegengesetzten Möglichkeiten der Grundform der Hagia Sophia, nämlich die Lösung mit vier Halbkuppeln (Schechzade) und die Lösung mit gänzlichem Weglassen der Halbkuppeln (Michrimach). Es scheint, dass er sich durch dieses Vorgehen die nötige Sicherheit erwerben wollte. Süleymaniye ist zugleich aber auch der letzte Bau, bei dem die Grundform der Hagia Sophia eine entscheidende Rolle spielt. Nach der Vollendung der Süleymaniye verlässt Sinan für immer dieses Planschema. Kuppel- und Halbkuppelkombinationen, bei denen die Halbkuppeln den gleichen Radius haben wie die Hauptkuppel, kommen in seinem späteren Werk nicht mehr vor — mit einer einzigen Ausnahme allerdings, mit der Kilitsch-Ali-Moschee in Istanbul. Dieser Bau — er wurde 1580 vollendet — ist eine der allerletzten Arbeiten von Sinan, gehört also nicht in die Entwicklungslinie hinein, die von der Süleymaniye zur Selimiye in Edirne führt.

Wir müssen daher annehmen, dass sich Sinan durch den Bau der Süleymaniye gewissermassen endgültig mit den Formproblemen der byzantinischen Architektur auseinandersetzen wollte. Am gleichen Bau, in dem sein Bauherr Süleyman den byzantinischen Kaiser Justinian an Grösse und Pracht überbieten wollte, bemühte er sich, dies ebenfalls auf der künstlerischen Ebene zu verwirklichen. Dies mag für ihn die bewusste Begründung gewesen sein; dahinter aber lag sicher auch das unbewusste Streben, sich von seinem Vorbild vollends zu befreien. So gesehen, erscheint uns der Gedanke, ein bestehendes Bauwerk in seiner eigenen Form überbieten zu wollen, nicht mehr so abwegig. Das Vorhaben zielte nämlich darauf, die Hagia Sophia sozusagen mit ihren eigenen „Waffen zu schlagen". Nachdem es Sinan gelungen war, mit den von der Hagia Sophia abgeleiteten Formen ganz anders geartete Räume zu schaffen, setzte er sich jetzt die Aufgabe, seine eigene Vision des Moscheenraums auch einmal gänzlich in jener fremden Form zu realisieren.

Verglichen mit den anderen Werken Sinans ist die Süleymaniye der einzige Bau, bei dem die konstruktiven Elemente als solche in Erscheinung treten. Das Innere der Moschee zeigt gewisse Beziehungen zu altrömischen Räumen. Die freistehenden Eckpfeiler, das Konsolengesims zwischen Wand- und Gewölbezonen, die klar ausgesonderten Bogenleibungen — alle diese die Konstruktion betonenden Elemente erstreben aber nicht die Wirkung eines antik-römischen Raums. Ähnlich wie die der Schechzade und Michrimach gewinnen auch die Raumgrenzen der Süleymaniye ihre Gestalt durch das ausgliedernde Strukturprinzip. Daran liegt es, dass die-

Istanbul, Süleymaniye-Moschee, der Hauptraum, Blick gegen die Kiblawand.

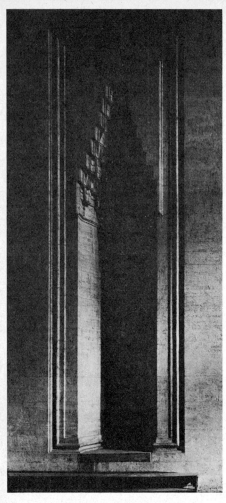

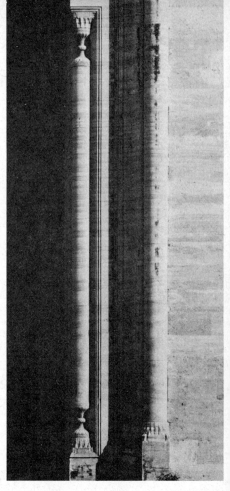

Istanbul, Süleymaniye-Moschee, die Wandnische am südlichen Hauptpfeiler.

Istanbul, Süleymaniye-Moschee, die Ecksäule am Portalbau des Vorhofes. Basis und Kapitell sind in gleicher Form gestaltet.

ser Raum trotz der formalen Übereinstimmung mit dem Römischen und dem Byzantinischen seinen eigenen Charakter bewahrt.

Noch in einem anderen wesentlichen Punkt erreicht hier Sinan sein Eigenstes: im Verwandeln der Materie in ein dichtes, kristallinisch hartes Gebilde. Die Betonung der konstruktiven Elemente wird neben dem Erlebnis dieser präzis geschliffenen Raumschale zur Nebensache.

Statt der Über- und Nebeneinanderreihung der sphärischen Formen (wie in der Hagia Sophia) sehen wir in der Süleymaniye überall einen Wechsel zwischen sphärischen und ebenen Flächen, zwischen Halbkuppeln und Schildwänden. Sanft gleiten die sphärischen Formen der Hagia Sophia ineinander, ohne Hindernis bis hinab zum Boden. Der Wechsel, den Sinan zwischen ebenen und sphärischen Flächen durchführt, hebt die Wirkung des Herabgleitens auf. Dies trägt zur Verwirklichung eines diamantenähnlich geschliffenen Raumkörpers bei. Ein anderes Mittel, das Sinan anwendet, um dem Herabschweben entgegenzuwirken, sind die Spitzbogen. Der reine Halbkreisbogen der byzantinischen Architektur wird in den Bauten von Sinan durch flache Spitzbogen ersetzt. Sie halten die Raumschale in einer leichten, kaum spürbaren Spannung, die das Gefühl des Herabfliessens verhindert.

Im Grundriss bleibt Sinan dem rechten Winkel und der geraden Linie treu. Die Apsiden der Hagia Sophia werden nicht beachtet. Als Rest des ursprünglichen Würfels, aus dem heraus dieser Raum gemeisselt zu sein scheint, stehen die rechteckig aneinanderstossenden Wände des unteren Geschosses.

Ein nebensächliches, aber für die Gestaltungsart von Sinan sehr bezeichnendes Motiv sind die Stalaktitenzwickel in den Raumecken. Einfache sphärische Zwickel würden den Gegensatz zwischen den ebenen und gewölbten Flächen nicht so scharf betonen; sie würden in den dunklen Ekken verschwimmen und die feste Form des Raumes gefährden. Gerade diese Zwickel aber füllt Sinan mit kleinen Stalaktiten und vermeidet dadurch das Verfliessen des Raumes.

Mit diesem Bau, bei dem Sinan bewusst davon absieht, im Formalen erfinderisch zu sein, erreicht er mit um so grösserer Sicherheit das Ziel seines eigenen Strebens: die kristallhafte Struktur des Steines.

Das Variieren eines an sich axial konzipierten Grundrisssystems in verschiedenen zentralsymmetrischen Möglichkeiten ist in der Architekturgeschichte ein seltener Fall. Besonders, wenn wir in der abendländischen Architekturgeschichte nach parallelen Formen suchen. Die Beschäftigung Sinans mit der byzantinischen Architektur hat uns gezeigt, dass er sich dabei vielmehr mit der geometrischen Form, das heisst mit der Rohform beschäftigt hat — also weder mit der Technik noch mit der Art der Konstruktion. Das soll aber keineswegs bedeuten, er habe auf eine kunstvolle Art ein bloss virtuoses Spiel mit den Formen getrieben! Denn seine spätere Entwicklung wird zeigen, dass es ihm vor allem darum ging, durch all diese Varianten hindurch die für den Moscheenraum gültige Form herauszukristallisieren. Mit der Süleymaniye endet seine Auseinandersetzung mit der byzantinischen Architektur. An diesem Bau erkennt er die Grenze dessen, was die byzantinische Architektur für die Weiterentwicklung seiner Schöpfungen vermag; er gibt den Vier-Pfeiler-Grundriss, das heisst das „Baldachinsystem", auf. In den folgenden Moscheenbauten befasst er sich fast ausschliesslich mit Lösungen zu sechs- oder achteckigen Zentralräumen.

Die Rüstem-Pascha-Moschee in Istanbul. Vier Jahre nach der Vollendung der Süleymaniye schlägt Sinan mit dem Bau der Rüstem-Pascha-Moschee (1560) einen neuen Weg ein. Der Stifter der Moschee war der Grosswesir Rüstem Pascha, der Gatte der Prinzessin Michrimach. Die Grundrissform seiner Moschee stimmt weitgehend überein mit der der Moschee für die Prinzessin Michrimach: ein quadratischer Hauptraum mit Seitenschiffen, die aus je drei kuppelgewölbten Jochen bestehen. Doch im Aufbau, besonders in der Gestaltung der Übergangszone zur Kuppel, unterscheiden sich die beiden Räume wesentlich. Halbkuppeln von gleichem Durchmesser wie die Hauptkuppel und entsprechend grosse Schildwände — Formen also, die ursprünglich von der byzantinischen Architektur entlehnt waren – gibt es hier nicht mehr. Diese Motive werden zwar nicht durch neue ersetzt; sie bestehen weiter, aber in kleineren Dimensionen und in einem neuen Zusammenhang. Sie erscheinen hier als Elemente eines neuen Formgefüges.
An die Stelle der grossen sphärischen Zwickel (Michrimach und Süleymaniye) treten jetzt kleine Halbkuppeln. Durch Stalaktiten wird die halbkreisförmige Basis dieser Eckkuppeln zu den Wänden übergeführt. Den Raum zwischen zwei solchen Eckkuppeln nehmen kleine Schildwände ein. Der Übergang vom quadratischen Grundriss zur Kuppel wird durch eine achteckige Raumzone vermittelt, deren Wände aus vier gleich grossen Schildwänden und vier Halbkuppeln bestehen. So entsteht eine facettenartig gebildete Zwischenzone.
Indem hier Sinan die Pendentifs durch Halbkuppeln ersetzt, erreicht er eine der inneren Struktur des Moscheenraums kongruentere Lösung.
Mit dem Verlassen der byzantinischen Grundformen verschwinden hier auch jene an die antike Architektur erinnernden Elemente, die in der Süleymaniye sozusagen als Negation des byzantinischen Raumempfindens in Erscheinung getreten waren. Alttürkische Elemente, besonders der Stalaktit, beginnen wieder eine wichtige Rolle zu spielen. Freistehende Säulen treten in diesem Raum in den Hintergrund. Grosse, achteckige, mit Fliesen überzogene Pfeiler machen bereits unten das Achteck deutlich,

Istanbul, Süleymaniye-Moschee, erbaut 1550–1556, Blick von einem Minarett auf den nordwestlichen Eckturm und auf die Kuppeln des westlichen Seitenschiffes.

Istanbul, Süleymaniye-Moschee, die Südostecke mit abgetreppten Strebekonstruktionen.

nicht Kapitelle, sondern einige nur an den Ecken vorkragende Stalaktiten verbinden sie mit den Bogen. Die scharfkantig prismatischen Pfeiler wirken dadurch derartig fest ineinandergeschachtelt, dass die Bogenöffnungen wie ausgehöhlt erscheinen. Die neue Lösung des Übergangs zur Kuppel ermöglicht zudem eine geringere Höhe der Zwischenzone. Die Halbkuppeln in den Ecken verbinden die Hauptkuppel auf eine stabilere Art mit den Wänden, als dies die sphärischen Zwickel tun konnten. Durch alle diese Einzelheiten gewinnt der Raum eine festumrissene Gestalt.

Die Sokullu-Moschee in Istanbul. Neben der Achtecklösung von Rüstem Pascha hat eine weitere Grundrissform Sinan intensiv beschäftigt: die sich auf sechs Pfeiler stützende Zentralkuppel, mit je zwei Halbkuppeln an den beiden Seiten als Übergang vom Quadrat zum Kreis. Dieser Typus war bereits in der frühosmanischen Zeit entwickelt, aber in Istanbul bisher noch nicht angewendet worden. Die Ütsch-Scherefeli-Moschee in Edirne (vollendet 1447) ist eines der schönsten Beispiele dieser Art.
In dieser älteren Raumform erkannte Sinan weitere Möglichkeiten, die für seine neue Raumkonzeption fruchtbar gemacht werden könnten. Zehn Jahre nach der Vollendung der Rüstem-Pascha-Moschee verwendete er diese alte Raumform mit grosser Meisterschaft in der Moschee des Grosswesirs Sokullu Mechmed Pascha. Zwei kleinere Moscheen — die von Sinan Pascha und von Kara Achmed Pascha —, die Sinan ungefähr zur gleichen Zeit mit der Süleymaniye gebaut hat, zeigen Vorversuche in dieser Richtung.
Die Moschee von Sinan Pascha, dem Grossadmiral, wurde 1554, zwei Jahre nach dem Tode ihres Stifters, vollendet. Die zweite, die Moschee des Kara Achmed Pascha, hat — wegen des bewegten politischen Lebens ihres Stifters — eine komplizierte Baugeschichte. Sie wurde etliche Jahre nach der Hinrichtung von Kara Achmed fertiggestellt, vermutlich am Anfang der sechziger Jahre.
Der Innenraum von Sinan Pascha wirkt durch die hohen, den Kuppelansatz tangierenden Bogen zwischen dem Hauptraum und den Seitenschiffen hallenartig. Der Innenraum von Kara Achmed Pascha dagegen bildet eine strengere Einheit. Der Raum hat keine deutlich ausgeprägten Seitenschiffe mehr. Hier werden nur die beiden Seitenwände als schmale zweistöckige Galerien gestaltet. In der Moschee des Grosswesirs Sokullu schliesslich lässt Sinan keine Scheidung zwischen dem Hauptraum und dem Seitenraum mehr aufkommen; wie von einer dünnen, glasigen Schale gefasst, schmilzt der Innenraum zusammen zu einem einheitlichen Körper.

Istanbul, Rüstem-Pascha-Moschee, erbaut 1560, der Innenraum (die Malereien in der Halbkuppel stammen aus dem 19. Jahrhundert).

Eine bisher nie dagewesene Geschlossenheit und Übersichtlichkeit herrscht in diesem Raum. Ein Vergleich des Grundrisses mit den Grundrissen der beiden vorangehenden Sechs-Pfeiler-Moscheen macht auf den ersten Blick deutlich, worauf diese neue Wirkung zurückgeht. In der Sinan-Pascha-Moschee sind die Seitenschiffe vom Hauptraum durch die Querbogen und die schräggestellten Doppelbogen abgesondert; wie der Übergang vom Kreis zum Quadrat stattfindet, bleibt unsichtbar. Die kleinen Kuppelwölbungen, die zur Hauptkuppel überleiten, sind hinter den Bogenleibungen versteckt. Daher die ausgesprochene Hallenwirkung dieses Raumes. In der Moschee des Kara Achmed fehlen die Seitenschiffe, der Raum wird nicht

Istanbul, Sokullu-Moschee, erbaut 1571, Blick in die Hauptkuppel.

durch Querbogen geteilt. Sinan kommt hier der Lösung des Sokullu-Grundrisses einen Schritt näher, indem er den Übergang vom Kreis zum Quadrat durch Halbkuppeln vollzieht, wodurch die einheitliche Wirkung des Raumes gesteigert wird. Der Innenraum der Sokullu zeigt keine Unterteilung mehr zwischen Hauptraum und Seitenraum, obwohl die Raumform nicht rein quadratisch ist. Die Halbkuppeln weiten sich bis zu den seitlichen Aussenwänden. Die mittleren Pfeiler, auf die sie sich stützen, gehören zu den Aussenwänden; aus diesen entwickeln sie sich heraus, bleiben aber zur Hälfte der Wand verhaftet. Die beiden seitlichen Arkaden wirken, wie der Minbar (die Kanzel), als ob sie nachträglich hineingestellt worden wären, das heisst, sie gehören nicht zur Raumschale, sie sind nicht konstruktiv beteiligt am Aufbau der Raumgrenzen. Durch die Art der Kuppellösung wird die Grenze zwischen Quadrat und Rechteck aufgehoben. Die Differenz zwischen dem Quadrat — der Projektion der Kuppeltangenten — und der rechteckigen Grundrissform verschwindet im Erlebnis des Raumes. Durch die Gestaltungsart der Seitenwände mit den Pfeilern in ihrer Mitte überbrückt Sinan auch die Differenz zwischen dem regelmässigen Sechseck und dem Rechteck auf eine meisterhafte Art. Diese Raumschale ergibt sich aus dem Ineinanderschachteln von verschiedenartigen geometrischen Volumen: Halbkugel, Sechseckprisma und Rechteck. Der Raum, der diese Schale einfasst, erhält dabei eine bisher nicht erreichte Einheitlichkeit, Dichte und Kompaktheit. Gleichzeitig und im gleichen Geiste entsteht in Edirne das letzte grosse Werk Sinans — die Moschee, die er für seinen neuen Herrn, für Selim II., baut.

Die Selimiye-Moschee in Edirne. Als reifstes Ergebnis seines langjährigen Schaffens entsteht Sinans letzter monumentaler Bau. Kühne Ideen und das Wagnis zu ihrer Verwirklichung, hierauf das kritische Abstandnehmen vom Erreichten — das war der Rhythmus seines Schaffens gewesen. In der Moschee für Selim wird das bisher Erprobte einer neuen Raumidee dienstbar gemacht. Es ist keineswegs eine Übertreibung zu sagen, dass die türkische Architektur mit diesem Bau ihren vollendeten Ausdruck erreicht hat. Die Moscheen von Rüstem Pascha und Sokullu waren, von ihrem Umfang her, kleinere Bauten; sie waren keine Sultansmoscheen. In der neuen Moschee für einen Sultan aber findet der greise Künstler noch einmal Gelegenheit, seine neuen Erfahrungen und Ideen in monumentalem Ausmass zu verwirklichen.
Er wählt die achteckige Grundrissform, die er in der Moschee von Rüstem Pascha bereits realisiert hatte. Ein Vergleich der Grundrisse dieser beiden

Edirne, Selimiye-Moschee, erbaut 1568—1674, Blick in die Hauptkuppel. In diesem Raum verteilt Sinan die Last der Kuppel durch acht gleichmässige Bogen auf acht Pfeiler. Die Stalaktiten bedeuten hier mehr als Dekoration: Die Last der Kuppel scheint in diesen kristallischen Körpern zu „gefrieren" — zum Stillstand zu kommen.

Moscheen zeigt, dass der Weg von der Rüstem-Pascha- zur Selimiye- parallel zum Weg von der Sinan-Pascha- zur Sokullu-Moschee verläuft. Sowohl Rüstem Pascha wie Sinan Pascha hatten Seitenschiffe; im unteren Geschos war der Hauptraum durch hohe Pfeiler und Bogen von den Seitenräumen getrennt. Das Weglassen der Seitenschiffe ermöglichte in Sokullu die Gestaltung der Raumgrenzen zu einer Schale aus einem Guss. In der Selimiye versucht Sinan das gleiche auf der Basis des Achteckgrundrisses. Die Wahl des Oktogons gibt ihm die Möglichkeit, den Raum zentralsymmetrisch zu ordnen. Damit gelangen zwei wesentliche Momente in vollendeter Form zur Verwirklichung, nämlich die absolute Ruhe und Richtungslosigkeit des Innenraumes und die kristallartige Gliederung der Raumschale. Beide Eigenheiten sind das ursprüngliche Anliegen der türkischen Architektur; sie reiften im Werk von Sinan Schritt für Schritt und erreichten im Zentralraum der Selimiye ihre letzte Vollendung. Wir haben verfolgen können, wie Sinan die Gestaltung mit Schildwand und Halbkuppel von der byzantinischen Architektur übernahm, sie erst im gleichen Sinne wie

148

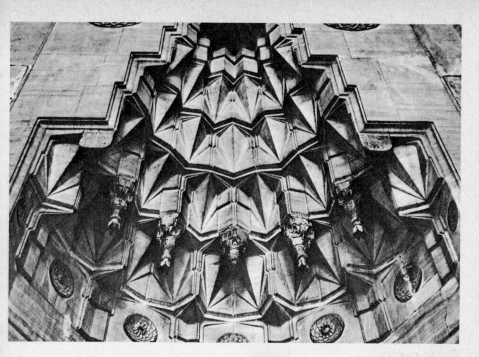

Edirne, Selimiye-Moschee, die Stalaktitennische
über dem Haupteingang.

Edirne, Selimiye-Moschee, Basis eines Pfeilers
im Vorhof.

die Byzantiner anwandte und dann langsam umdeutete, bis er sie schliesslich in der Rüstem-Pascha-Moschee — indem er ihre Dimensionen beträchtlich reduzierte — einem völlig neuen Formgefüge dienstbar machte. Kleinere Halbkuppeln und Schildwände bilden dort eine Art Kranz am Kuppelansatz und leiten vom Quadrat zum Kreis über. Im Sechs-Pfeiler-Grundriss war ein rhythmischer Wechsel zwischen Halbkuppel und Schildwand nicht vollständig durchführbar, wenn man sich an die Symmetrie halten wollte. So wählte Sinan in der Sokullu-Moschee die Lösung zwei/eins, zwei/eins, das heisst, zwei Halbkuppeln/eine Schildwand — zwei Halbkuppeln/eine Schildwand.

Hier im Achteck findet er schliesslich die vollkommen harmonische Lösung. Ein Kranz von einander ablösenden Schildwänden und Halbkuppeln überträgt die Last der Kuppel auf acht mächtige Pfeiler. Sinan geht in der Bereicherung dieser Idee noch einen Schritt weiter: dem oberen Kranz entspricht unten ein zweiter Kranz von gleich grossen Bogen, wobei aber der Wechsel zwischen der Schildwand und den Halbkuppeln unten in entgegengesetztem Rhythmus verläuft. Die ,,Facettenstruktur'' der Raumschale wird auf diese Art wunderbar hervorgehoben. Gewölbte und ebene Flächen von gleicher Grösse lösen einander ab in verschobenem Rhythmus Die Stalaktiten in den Zwickeln und an den Pfeilern tragen dazu bei, die Last der Kuppel innerhalb dieser Übergangszone abzufangen und stillzulegen.

Die Eigenart dieser Wandgliederung wird deutlicher, wenn wir uns den Innenraum von der Peterskirche in Rom für einen kurzen Augenblick vergegenwärtigen. Der Gegensatz zwischen den beiden Raumkonzeptionen ist vor allem in der Beziehung zwischen den Teilen und dem Ganzen zu beobachten. Verglichen mit dem Plan von Bramante ist Michelangelos Raumkonzeption viel einheitlicher, die Position der Hauptkuppel entschieden dominierender. Sie umfasst aber nicht den Gesamtraum, wie es in der Selimiye-Moschee der Fall ist. Verschiedene aufeinander harmonisch abgestimmte Grössenordnungen fügen sich in der Peterskirche zu einem Ganzen zusammen. Die Hauptkuppel mit den vier tonnengewölbten Kreuzarmen bestimmt die Dimensionen des Raumes; er wird sekundiert von den vier Eckkuppeln. Diese Eck- und Seitenräume ergänzen den Hauptraum, ohne dabei ihre Selbständigkeit zu verlieren. Die vier Hauptpfeiler gliedern den Gesamtraum in selbständige Raumeinheiten, ihre abgeschrägte Innenseite aber stellt den Raumfluss wieder her. Die beiden Grössenordnungen, die die Gliederung des Gesamtraumes bestimmen, kommen am deutlichsten in der Gestaltungsart der Hauptpfeiler zum Ausdruck: grosse kannelierte Pilaster mit Gebälk als Träger der Pendentifs der Zentralkuppel und der Tonnengewölbe der Kreuzarme; seitlich die kleinen Pilaster mit dem niedrigeren Gesims als Träger der Verbindungsbogen zwischen den Eckkuppeln und den Kreuzarmen. Die Entwicklung, die die Zentralräume der Renaissancekirchen von der Pazzi-Kapelle Brunelleschis bis zur Peterskirche in Rom erfahren haben, erscheint auf den ersten Blick wie eine Parallele zur Wandlung des osmanischen Moscheenraumes von der Yeschil-Moschee in Bursa bis zur Selimiye-Moschee von Sinan. Die beiden „Endresultate" stehen einander jedoch noch fremder gegenüber als am Anfang.

In keinem anderen Bau Sinans geschieht der Übergang vom Rechteck zum Kreis so wohlabgestuft wie hier — in keinem anderen Moscheenraum des Künstlers stehen ursprüngliche Würfelform und das helle Gewölbe in einem so vollkommenen Einklang wie hier. Im wahrsten Sinne des Wortes gestaltet hier Sinan die Raumgrenzen als eine riesige glasartige Schale. Der Meisselschlag allein scheint diese kompakten Aussenwände geformt zu haben; Pfeiler und Bogen entwickeln sich reliefartig aus den Wänden heraus; sie sind hier die Rahmung der Raumschale geworden, ohne sich dabei selbständig gemacht zu haben. Noch einmal und in einer anderen Form erreicht Sinan eine unvergleichliche Ruhe im Raum.

Am Anfang dieses Abschnittes machten wir die Feststellung, dass die kristallhafte Struktur des Steines, die wir in den frühosmanischen Bauten beobachten konnten, in den Bauten von Sinan durch eine neue Art des Gliederns eine neue Formulierung gefunden hat, durch ein Gliederungsverfahren nämlich, das sich von der Gesamtform zur Einzelform entfaltet. Diese Art von Gliederung wird durchgeführt nach dem Prinzip des Steinhauens oder Kristallschleifens. Wir möchten diese ausgliedernde, von übergreifenden und zusammenfassenden Formen zur kleineren fortschreitenden Gliederungsweise als „deduktiv" bezeichnen, im Gegensatz zu der vom Einzelnen zum Ganzen aufsteigenden, einzelne Elemente harmonisch zusammenfügenden Gliederungsart der Renaissancearchitektur.

Ein deduktives Vorgehen im Gliedern einer Steinarchitektur setzt nicht unbedingt eine genaue Differenzierung zwischen den tragenden und lastenden Teilen voraus. Was hier als Voraussetzung wirkt, ist die Vorstellung eines einzigen grossen Steinblocks. Nur diese Vorstellung vom Stein ermöglicht ein solches Herausholen der kleineren Formen aus den grösseren, schafft eine Entfaltung von oben nach unten. Besonders charakteristisch für dieses Vorgehen ist die Form der Hauptpfeiler; sie bestehen aus zwei Zonen: das obere Drittel ist kanneliert, der untere Teil ist achteckig, mit glatten Flächen und harten Kanten. Nur dieser prismatische Teil der Pfeiler aber steht frei; der kannelierte Teil geht gegen die Aussenwände in seitliche Bogen über, die ihrerseits wiederum mit diesen zusammenwachsen. Die Pfeiler, die seitlichen Bogen und die Aussenwände bilden zusammen eine unlösbare Einheit. Sinan versucht die Übergangsstellen zwischen Stütze und Last durch stalaktitenähnliche Gebilde zu „neutralisieren". Das Stalaktitenband zwischen den Wänden und Kuppeln wird auch um die Pfeiler herumgeführt, was diese wiederum noch enger an die Wände bindet. Die Kanneluren an der oberen Zone der Pfeiler wirken in diesem Zusammenhang so, als ob sie die herabdrückende Last der Gewölbe, die auf halbem Wege stillgelegt wird, anschaulich machten. Genau dieser Zone entspricht jene Zwischenzone der Aussenwände, an die die seitlichen Bogen anschliessen und sie mit den Hauptpfeilern verbinden. Die Zwickel zwischen diesen Bogen und den Aussenwänden sind mit Stalaktiten gefüllt. Durch sie wirken die Bogen entlastet. Die Last der Gewölbe wird also in der gleichen Zone abgefangen, zu der die Stalaktitenzwickel, die kannelierten Teile der Pfeiler und die kleinen Schildbogen an der Aussenwand gehören.

Der Grundriss der Moschee bleibt wie in der Frühzeit ein Quadrat; der Würfel als Grundform bleibt auch hier erhalten, nicht als Form des Innenraumes zwar, aber als Kubus, der die ganze Moschee einfasst. Die Höhe des Raumes entspricht der Seite des Grundrissquadrats — und aus dem Würfel der alttürkischen Moschee entsteht nun ein vielfältig geschliffener Raumkristall.

Nach der Begegnung mit der Hagia Sophia wandelte sich zwar der würfelförmige Innenraum zu einer kristallinisch facettierten „Halbkugel". Der Würfel als stereometrische Form hat die Eigenschaft, keine bestimmte Richtung zu betonen. Indem er nun der Halbkugelform angenähert wurde, tritt das Gesetz der Zentralsymmetrie noch vollendeter in Erscheinung. In den Beschreibungen der Moscheenwand haben wir feststellen können, dass der Boden keine feste Basis, keine Stützfläche für den Aufbau der Wand bedeutet. Im Moscheenraum wirkt dieser helle, teppichbelegte Boden wie eine freischwebende Ebene. In der Berührung dieser Fläche mit der Stirne wird die Eigenschaft des Bodens am intensivsten erlebt, zugleich aber auch — im Neigen des Kopfes gegen den Boden — der Unterschied zwischen oben und unten aufgehoben. Der Raum ist ein absolut in sich geschlossenes, richtungsfreies Gebilde; indem der Gläubige den Boden als einen „Spiegel" erfährt, gelangt er zu der Vorstellung eines kugelähnlichen Raumgebildes, in dem er sich eingeschlossen fühlt.

Die äussere Gestalt der osmanischen Kuppelmoschee

Die frühen Moscheen von Bursa und Edirne, auch die Moscheen, die kurz nach der Eroberung von Konstantinopel gebaut wurden (Machmud Pascha, Murad Pascha, Atik Ali Pascha), sind von aussen gesehen würfel- oder quaderförmige Bauten mit glatten ungegliederten Wandflächen. Aus diesen glatt gehaltenen, scharfkantigen Kuben entwickelt sich nach und nach eine kunstvoll „gemeisselte" Schale.

Amasya, Bayazid-Moschee, die Südfassade (Kibla). Die ausladende Rückwand der Michrabnische ist hier ein Einzelfall. Sonst tritt die Michrabnische an der Kiblawand der osmanischen Moscheen nicht hervor.

Bursa, Aladdin-Moschee, 1335

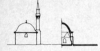

Amasya, Sultan-Bayazid-Moschee, 1486

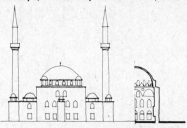

Iznik, Hadschi-Özbek-Moschee, 1333

Istanbul, Selimiye-Moschee, 1568—1574

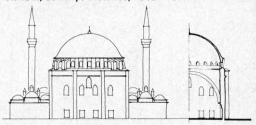

Iznik, Yeschil-Moschee, 1378

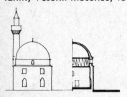

Bursa, Grosse Moschee, 1394

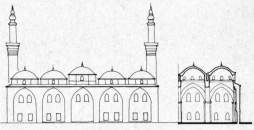

Bilecik, Orhan-Gazi-Moschee, 14. Jh.

Edirne, Sultan-Bayazid-Moschee, 1484

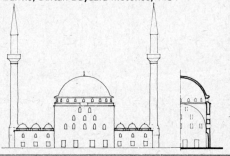

Istanbul, Schemsi-Pascha-Moschee, 15. Jh.

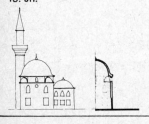

Istanbul, Murad-Pascha-Moschee, um 1470

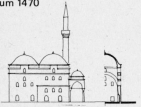

Edirne, Ütsch-Scherefeli-Moschee, 1447

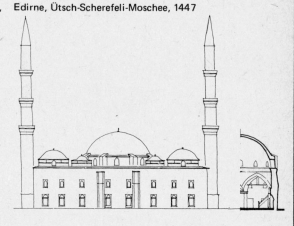

Istanbul, Zal-Machmud-Moschee, 1555

Istanbul, Rüstem-Pascha-Moschee, 1560

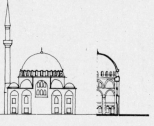

Istanbul, Sokullu-Moschee, 1571

Istanbul, Michrimach-Moschee, 1555

Istanbul, Kara-Achmed-Moschee, 1554

Istanbul, Atik-Ali-Moschee, 1497

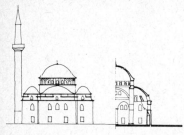

Istanbul, Süleymaniye-Moschee, 1550

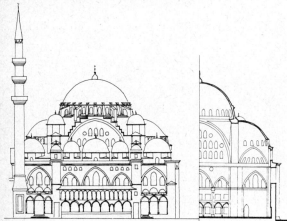

Istanbul, Sultan-Achmed-Moschee, 1609

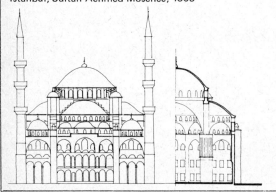

Zu den Tafeln 19—22:
Das Äussere der osmanischen Moschee entspricht in jeder Phase der Gestalt des Innenraumes. Ob als ungegliederter, geschlossener Würfel oder als eine kristallartig geschliffene Raumschale — das Äussere der Moschee erscheint stets als ein „Abguss" des Inneren. Die Grundform der osmanischen Moschee wandelt sich vom „Würfel" zur „Halbkugel". Doch die ursprüngliche Vorstellung vom Würfel als Grundform geht nie ganz verloren. Sie bleibt als alles umfassende, imaginäre Grundform auch in der Gestalt der späteren Moscheen erhalten. Die schlanken, scharfkantigen Minarette, die sich unmittelbar an den Ecken der Bethallen erheben, deuten die „Kanten" des ursprünglichen Würfels an.

Istanbul, Schechzade-Moschee, 1543

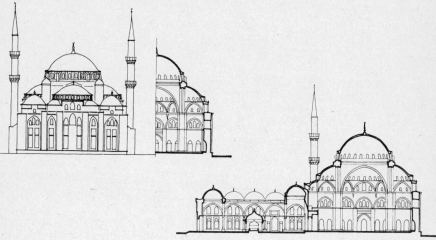

Edirne, Selimiye-Moschee, 1568

Auf den Tafeln 19 und 20 habe ich versucht, diese Wandlung an einigen prägnanten Beispielen durch Skizzen darzustellen. Bei dieser Gesamtschau ist zu beobachten, dass zuerst die Übergangszone zur Kuppel sich vom Würfel- oder Quaderkörper „befreit". Bei den Moscheen, die im Inneren als Übergang zur Kuppel einen Faltentambour haben, zeigt sich dieser nach aussen als ein oktogonales Prisma (Yeschil in Bursa, Sultan Bayazid in Amasya, Machmud-Pascha- und Murad-Pascha-Moscheen in Istanbul). Mit der Anwendung der Pendentifs (Sultan Selim in Istanbul, Sultan Bayazid in Edirne) beginnt auch eine neue Art von Lichtführung: der Fensterkranz am Kuppelansatz. Aussen bekommt der Kuppelansatz eine zylindrische Gestalt, dazu kommen noch flache Strebepfeiler, gestützt von Strebebogen (Selimiye in Istanbul, Ütsch-Scherefeli in Edirne).

Istanbul, Zal-Machmud-Pascha-Moschee, Baujahr 1551 oder 1565. Eine der seltenen Moscheen von Sinan mit farbigem Schichtenwechsel an den Fassaden.

Rechts: Istanbul, Michrimach-Moschee, die Südfassade.

Bei den Moscheen des späteren 15. Jahrhunderts (Hatuniye in Manisa, Selimiye in Konya) tritt die Gestalt des Hauptraumes von aussen gesehen voll in Erscheinung. Die Aussenwände dieser Moscheen sind völlig glatt, während in der Selimiye-Moschee in Konya und bei den Istanbuler Einraummoscheen von Sinan (Kara Achmed, Zal Machmud, Michrimach) die Gliederung der Wände im Innern auch von aussen allmählich lesbar wird.

Mit den Moscheen des frühen 16. Jahrhunderts beginnt sich aus den dumpfen unbewegten Mauerflächen eine durchgegliederte Raumschale herauszukristallisieren. Dieser Vorgang vollzieht sich Schritt für Schritt, und zwar von Innen nach Aussen.

Das Äussere der Schechzade-Moschee wirkt noch blockhaft und massiv.

Istanbul, Süleymaniye-Moschee, die Südwest-
ecke mit dem westlichen Seitenschiff.

Istanbul, Süleymaniye-Moschee, die westliche
Schildwand mit dem abgetreppten Schildbogen und den Strebebogen am Kuppeltambour.

Edirne, Selimiye-Moschee, Blick auf die Südseite. Sinan gelingt hier eine bisher nie erreichte Einheitlichkeit und „Verdichtung" der Raumschale.

Wie bei den Stufen einer Pyramide schichten sich die Mauerflächen über- und hintereinander. Der helle und luftige Innenraum ist von aussen nicht unmittelbar kenntlich. Erst bei der Michrimach-Moschee gelingt es Sinan, die Grenzen des Raumes zu einer dünnen Schale zu verdichten. Die Gliederungsart, die wir im vorangehenden Kapitel als deduktiv bezeichneten, wird an der Raumschale der Michrimach-Moschee mit grosser Meisterschaft durchgeführt. Vier Türme mit vier grossen Bogen dazwischen tragen die Kuppel und fassen gleichzeitig die Aussenwände zusammen. Von oben nach unten geht die Formentfaltung; vom Grossen zum Kleineren und Kleinsten vollzieht sich die Durchgliederung.
Eine ähnliche Formentfaltung vom Grossen zum Kleinen und Kleineren, vom Schweren zum Leichten zeigt auch das Äussere der Selimiye in Edirne mit dem Unterschied, dass hier der Schub der mächtigen Kuppel nicht an vier, sondern an acht Punkten abgefangen wird, von einem schräg aufsteigenden System von Strebepfeilern und -bogen und prismatischen Türmchen. Doch die Kuppel wirkt durch ihre glatte, ungegliederte Aussenfläche geschlossen und frei von Spannung.

Edirne, Selimiye-Moschee

Grundriss der Moschee mit den sie umgebenden Medrese- und Basarbauten. 1:1500

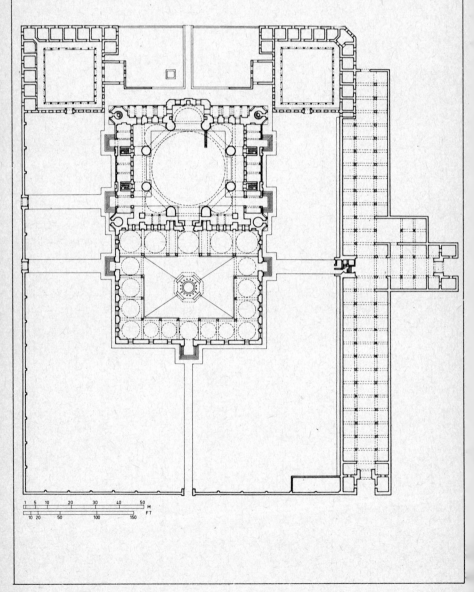

Zwischen den riesigen Pfeilern im Inneren der Moschee und dem ihnen entsprechenden Strebesystem aussen spannt und wölbt sich die dünne, durchlichtete Raumschale frei von jeglicher Funktion des Tragens.

Ich möchte hier noch einmal an das Gewändesystem und die Kuppel der Peterskirche in Rom erinnern, vor allem an die Schichtung verschiedener „Stockwerke" übereinander und an die gespannte Harmonie zwischen der Horizontalen und der Vertikalen. Hier nimmt die Plastizität und Dynamik der vertikalen Elemente gegen oben zu: Flache Pilaster an den Wänden, Doppelsäulen zwischen den Fenstern am Tambour und schliesslich die wuchtigen, aber sich leicht hinaufschwingenden Rippen der Kuppel. Michelangelo empfindet den Stein in seiner ganzen Schwere und versucht diese durch eine gegen oben zu steigende Dynamik zu überwinden. Er bekämpft die Wirkung der Schwere durch *Aktivierung des Steines,* durch eine nach oben zunehmende Spannung zwischen Stütze und Last. Sinan überwindet das Schwergewicht durch *Erstarrenlassen* der Kräfte, wobei der Gegensatz zwischen Horizontal und Vertikal, Stütze und Last aufgehoben wird.

Edirne, Selimiye-Moschee, Detail einer Ecke von oben.

Die adynamische Struktur, die dem Stein in der osmanischen Architektur eigen ist, wird am deutlichsten in der Gestalt der Minarette sichtbar; aus den prismatischen, scharfkantigen Erscheinungen der Minarette entfaltet sich keinerlei spürbare Dynamik. Ihre Form und ihre schlanken Proportionen mögen uns für einen Augenblick an die Gotik erinnern — gerade aber diese Assoziation macht um so deutlicher, wie verschieden der Stein hier und dort aufgefasst wird. Die schlanken Proportionen der Gotik sind hervorgegangen aus konstruktiven wie formalen Überlegungen, den Stein zu aktivieren; die Minarette dagegen sind frei von jeglicher „inneren Bewegung". Sie gehorchen nicht einer inneren Dynamik nach etwas Höherem: Ihre überaus schlanke Gestalt weist auf etwas Höheres hin, ohne dass dabei eine Umwandlung vor sich geht. Der Aufbau der Minarette drückt nicht, wie die gotischen Türme es tun, ein „Geschehen" aus. Vielmehr wirkt das Minarett so, als ob es, ähnlich einem Obelisken, erst fertig gemeisselt und dann aufgerichtet worden wäre.

Schlusswort

Wenn ich mich hier anschicke, abschliessend einige Bemerkungen zu schreiben, so geschieht dies nicht im Sinne einer Zusammenfassung. Die angeführten Formanalysen und ihre Deutungsversuche haben, immer von einem anderen Aspekt aus, zu Grundfragen des islamischen Glaubens geführt. Ich möchte diese Fragen als Fragen präzisieren und auf die Vielfalt der Probleme hinweisen. Diese Schlussworte sollen nicht als eine gedrängte Darstellung meiner vorangehenden Ausführungen aufgefasst werden, sondern als ein Entflechten der Fragenkomplexe, zu denen sie uns geführt haben, aber in unserem Zusammenhang offenbleiben müssen.

Der Gegenstand dieser Arbeit war die Moschee *als Ort, wo der gläubige Mohammedaner sich vor Gott niederwirft.* Die Betrachtung der frühesten arabischen Moscheen hat gezeigt, dass bei ihrer Errichtung nicht eine bewusste Ikonologie, sondern rein pragmatische Faktoren formbestimmend gewesen sind. Auch später wurde der Moschee keine symbolische oder „abbildende" Bedeutung gegeben. Überhaupt lag der rein sakrale Charakter, wie er den christlichen Kirchen von Anfang an eigen war, der islamischen Vorstellung der Masdschid (Ort des Sichniederwerfens), der Dschami (Ort der Versammlung) fern. Es findet sich keine Parallele zu den Bedeutungen, die die christliche Kirche im Laufe der Jahrhunderte erhalten hat (Ecclesia, Corpus Christi, das Himmelszelt, die himmlische Stadt Jerusalem usf.).

Das Fragen nach dem Ursprung dieses Unterschiedes würde zu rein theologischen Fragen führen und den Rahmen dieser Arbeit sprengen. Eine Antwort wäre wohl in den folgenden Eigenheiten des islamischen Glaubens zu suchen, in der spezifisch islamischen — korantreuen — Einstellung zur Erde, zur Sinnlichkeit und nicht zuletzt zum Problem der Dualität von Materie und Geist, Diesseits und Jenseits.

Wenn ich feststelle, dass die Moschee keine Ikonologie, wenig Symbolik, keine abbildende Bedeutung hat, so soll das nicht heissen, dass sie ein bedeutungsfreies Gebilde ist. Dass dies nicht der Fall ist, haben die bisherigen Betrachtungen zur Genüge gezeigt.

Die Moschee ist nicht ein Heiligtum im heidnischen oder etwa buddhistischen Sinne, auch kein Gotteshaus im christlichen Sinne; das heisst kein geheiligter Ort, auch kein Raum, in dem die Gegenwart des Göttlichen als Vorstellung lebendig ist. Gibt es eine dritte Möglichkeit im Bereich der Sakralarchitektur?

Meine Bemühungen gingen immer wieder und einzig darum, den Sinn zu erfassen, der sich in den verschiedenen Gestalten der Moschee manifestiert. Die drei Raumstrukturen der islamischen Moschee haben uns stets wieder zu wenigen konstantbleibenden Eigenheiten geführt:

1. Gleichwertigkeit der Achsen und Himmelsrichtungen.

2. Vorrang der regulären geometrischen Körper und demzufolge Interpretation der Fläche als reine Fläche.

3. Kristallinische Strukturen als Hauptmerkmal der Körperbildung und eine Art der Ruhe, die in ihrer *Absolutheit sich von der statischen oder harmonischen Ruhe* der antiken oder etwa der Renaissancebauten unterscheidet.

In den Formanalysen ging es mir einzig darum, den Zusammenhang zwischen dem islamischen Glauben und seinen Manifestationen in den verschiedenartigen Gestalten der Moschee aufzuspüren. Wenn dabei oft mit Beharrlichkeit die formalen Zusammenhänge in den Mittelpunkt gestellt wurden, so in der Überzeugung, dass „ein wenig Formalismus von der Geschichte entfernt, aber dass sehr viel Formalismus zu ihr zurückführt[64]".

Wie jede andere Religion ist auch die islamische ein geschichtlicher Vorgang, der Wandlungen unterworfen ist. Unsere Beobachtungen haben gezeigt, dass die Wandlungen des Islams mit entsprechenden Evolutionen des christlichen Glaubens kaum zu vergleichen sind.

Der Islam ist in erster Linie eine Gesetzesreligion wie die jüdische. Der französische Soziologe Maxime Rodinson, ein hervorragender Kenner beider Religionen, macht folgende Unterscheidung. Er bezeichnet das jüdische Gottesvertrauen als ein „blind ergebenes", während er das islamische Gottesvertrauen ein „auf Vernunft basiertes" nennt: „Der Koran ist ein heiliges Buch, in dem die Rationalität einen sehr grossen Raum einnimmt. Allah hört darin nicht auf, zu argumentieren und zu begründen[65]."

Die Gesetze, die im Koran verkündet werden, beziehen sich nicht nur auf den Glauben: es sind juristische, soziale, politische und nicht zuletzt hygienische Vorschriften. Als solche betreffen sie das praktische Leben, das heisst die Anwendung der göttlichen Vorschriften im Alltag. Der eigentliche Sinn des Gesetzes, der dem Gläubigen stets suggeriert wird, liegt jedoch nicht nur in diesen praktischen Belangen. Der Mensch wird im Koran primär als *denkendes, einsichtiges Wesen* angesprochen, und es wird unzählige Male an seine *Vernunft* appelliert[66]. ,,So setzten wir die *Zeichen* auseinander für die Leute, die Verstand haben'' (Sure 30, 27/28). ,,Denkt darüber nach, ihr alle, die ihr Einsicht habt'' (Sure 59, 3).

Im Zusammenhang mit den oben angeführten Koranstellen möchte ich auf einige in der Islamliteratur verbreitete Ansichten hinweisen, die durch Verwechslungen und Missverständnisse entstanden sind:

1. Die unkritische Gleichsetzung der islamischen Mystik mit der islamischen Lehre, die uns durch den Koran und die Hadithliteratur überliefert ist. Die Annahme vieler westlicher Wissenschaftler und Soziologen, dass der Islam eine weltentsagende und alles Materielle verneinende Lehre sei, ist nur so weit berechtigt, als sie sich auf die Lektüre der grossen islamischen Mystiker stützt. Dabei wird aber oft übersehen, dass die Deutung des Irdischen als Schatten oder Spiegelung[67] der ,,wahren Welt'' bis auf Platon zurückgeht und eine Form der Wahrheitssuche ist, die sowohl der indischen wie auch der christlichen Mystik eigen ist[68]. In seinem Buch ,,Islam und Kapitalismus'' hat Maxime Rodinson gerade jene anti-mystischen, auf die gesellschaftliche und wirtschaftliche Organisation hinweisenden Stellen des Korans sehr scharfsinnig interpretiert[69].

2. Auch die Verwechslung vieler nomadischer Eigenheiten mit dem islamischen Glaubensbekenntnis hat zu weiteren Missverständnissen geführt. Der Stifter der islamischen Religion, Mohammed, gehörte zu der sesshaften, handeltreibenden Minderheit der Araber. Von den vielen Volksstämmen, die sich im Laufe der Jahrhunderte zum Islam bekehrten, waren jedoch, mit Ausnahme der Perser, fast alle Nomaden. Dass diese Nomadenstämme zur Annahme des islamischen Glaubens bereit waren, zeugt selbstverständlich von einer gewissen Wesensverwandtschaft. Es ist bisher von soziologischer Seite her selten versucht worden, das Wesen der Nomadenkulturen eingehend zu untersuchen.

Das Nomadentum wird meistens als eine Vorstufe zur Sesshaftigkeit angesehen. Der arabische Geschichtsphilosoph Ibn Chaldun ist der erste gewesen, der in seiner Geschichtsinterpretation der nomadischen Gesellschaftsstruktur eine den sesshaften Gesellschaften ebenbürtige Bedeutung verliehen hat. Nach seiner Ansicht ist der Übergang von der nomadischen zur sesshaften Gesellschaftsform keine organische Entwicklung, sondern sie entstand immer unter Zwang.

Im Gegensatz zu den Sesshaften hat die nomadische Zivilisation einige

Eigenscháften, die auf den ersten Blick einander zu widersprechen scheinen, nämlich einen unermesslichen *Drang zur Macht und fast keinen Sinn für Privatbesitz.* Tribute und Steuern, die die nomadischen Herrscher von den unterjochten Völkern einzogen, bedeuteten für sie nicht Bereicherung des Besitztums, sondern Steigerung der Macht.

Edgar Knobloch macht in seinem Buch über die „Archäologie und Architektur Transoxaniens[70]"einige treffliche Bemerkungen über die Eigenart der nomadischen Zivilisationen: „Die Nomaden besassen nie die Gelegenheit, ihre Zivilisation zu entwickeln. Im Gegensatz zu ihrer steten Beweglichkeit, oder vielleicht gerade darum, weil sie immer unterwegs waren, blieb ihre Zivilisation statisch. Das Fehlen einer dauerhaften Heimat hinderte sie daran, Dinge von dauerhafter Natur zu schaffen ... Mit Ausnahme von wenigen persönlichen Gebrauchsgegenständen haben sie keinen Sinn für das Eigentum entwickeln können. Eigenes besassen sie wenig, das meiste war Gemeinschaftsgut, und es entstand keinerlei Versuchung zum Anhäufen von Reichtümern; Kriegsbeute bildete manchmal eine Ausnahme. Hier hatte Individualismus keinen Platz; harte Disziplin galt als Gesetz in der Lebensführung. Weil das Eigentum keine Bedeutung hatte, entstand auch kein Sinn zum Anhäufen und demzufolge kein Sinn für den Fortschritt[71]."

Gesetzestreue, jedoch kein Sinn für Dauerhaftigkeit, Macht- und Expansionsdrang ohne den Wunsch, das Erworbene als Besitz in Beschlag zu nehmen — Gegensätze, die dem Sesshaften absolut unvereinbar erscheinen müssen.

Das nomadische Ornament war von Beginn an rein geometrisch, was eine stilistische Entwicklung kaum möglich machte. Es bestand auch kein Bedürfnis danach. (Die mehr als tausend Jahre alten unveränderten Zeltformen und Teppichmuster zeugen davon.)

„Dass ihr nie sesshaft werdet und immer weiter ziehet", hiess eines der Hauptgebote des Mongolenfürsten Dschingis Khans. Da die Nomaden als stets „Weiterziehende" keine dauerhaften Bauten errichten konnten, war das den unveränderlichen Gesetzen der Geometrie unterworfene Ornament die einzige ihrer „statischen Zivilisation" entsprechende Ausdrucksform.

Ich habe diese Fragen hier kurz erwähnt, um zu zeigen, dass die Bedeutung der Geometrie für die islamische Kunst — in unserem Zusammenhang für die islamische Architektur — darum so gross war, weil sie aus doppelten Wurzeln genährt wurde. Die Bedeutung des Gesetzes und der Gesetzmässigkeit, als göttliches „Zeichen"[72], wie sie im Koran verkündet wird, war die eine Wurzel, die nomadische Tradition die andere. Beide fanden in der Geometrie eine entsprechende Ausdrucksmöglichkeit. Es ist deshalb kaum möglich, mit Gewissheit zu sagen, von welcher dieser beiden Wurzeln beispielsweise die Formelhaftigkeit des islamischen Ornaments bestimmt wurde.

Ich habe mich beim Versuch, den Sinn der islamischen Bauformen zu verstehen, an die Aussagen des Korans im Wortlaut und an die Kommentare der arabischen Philosophen und Schultheologen gehalten und die Texte der Mystiker nicht herangezogen, weil ihre Weltanschauung die der Baukunst eigenen Probleme kaum berührt. Meine Bemühungen gingen einzig um das Verständnis der Raum- und Körperstrukturen, wie sie speziell im Moscheenbau in Erscheinung treten.

Das Kristallische hat sich dabei als ein konstantes Strukturgesetz erwiesen. Die Konzeption des regulären geometrischen oder kristallartigen Körpers und diejenige der rein zweidimensional vorgestellten „unendlichen Fläche", sind sie nicht zwei verschiedene Erscheinungsweisen einer einzigen Grundkonzeption, nämlich einer Auffassung vom Körper als einem kristallischen, das heisst jenseits des Schweregesetzes sich konstituierenden geometrischen Gebilde? Der Unterschied zwischen der Innenfläche der persischen Iwane und den Stalaktitenkapitellen der osmanischen Moscheen ist, was ihre Grundstruktur betrifft, nur ein formaler, kein prinzipieller. Welche Bedeutung dieser Interpretation der rein zweidimensionalen Fläche, die weder Volumen noch Körper ist, im Denken der islamischen Philosophen zukommt, zeigen uns die Ausführungen des arabischen Philosophen Ibn Ruschd (Averroes). Er nennt sie die *„Gegend"* und definiert sie als *„Ort"* des göttlichen Seins: „Das Bedenken, welches die Leugner der Gegend zu der Verneinung bestimmte, ist ihre Ansicht, dass die Bejahung der Gegend die Bejahung des Raumes und die Bejahung des Raumes die Bejahung der Körperlichkeit herbeiführen. Wir sagen aber, dass dieses alles nicht notwendig ist: denn die Gegend ist etwas anderes als der Raum. Nämlich die Gegend besteht entweder 1. aus den Flächen des Körpers selbst, die ihn umgeben, und diese sind sechs: deswegen sagen wir, das Tier hat ein Oben, Unten, Links, Rechts, Vorn, Hinten, oder 2. aus den Flächen eines anderen Körpers, der den Körper, der die sechs Gegenden hat, umgibt. Nun sind die Gegenden, welche die Flächen des Körpers selbst sind, durchaus kein Raum für den Körper selbst, wohl aber bilden die Flächen der Körper, die ihn umgeben, seinen Raum; so zum Beispiel die Flächen der Luft, welche den Menschen umgeben; ebenso sind die Flächen der Himmelssphäre, welche die Flächen der Luft umgeben, auch Raum für die Luft. Ebenso umgeben die verschiedenen Sphären einander und bilden den Raum für einander. Was aber die Fläche der äussersten Sphäre betrifft, so ist demonstrativ nachgewiesen, dass ausserhalb ihrer kein Körper sich befindet. Wäre dieses so, so müsste ausserhalb dieses Körpers sich noch ein anderer Körper befinden, und die Sache ginge in infinitum fort. Dann ist aber die Fläche des letzten Weltkörpers durchaus kein Raum, weil dort kein Körper sein kann. Denn alles, was Raum ist, muss einen Körper enthalten können. Nun aber, da der Beweis für die Existenz eines Existens in dieser Gegend geliefert ist, so muss es körperlos sein. Sodann ist das, dessen Existenz dort unmöglich ist, gerade das Umgekehrte dessen, was jene Leute meinen: nämlich ein körperliches, nicht körperloses Existens. Sie dürfen auch nicht sagen, dass ausserhalb der Welt eine Leere sei. Nämlich, in den spekulativen Wissenschaften ist die Unmöglichkeit der Leere nachgewiesen. Denn das, worauf der Name Leere hinweist, ist nichts anderes als Dimensionen, in welchen kein Körper ist, das heisst Länge, Breite, Tiefe; denn wenn die Dimensionen von ihm hinweggedacht werden, so wird er ein Nichts, und wenn man die Leere als existierend annimmt, so folgt daraus, dass Akzidenzen in einem Nichtkörper existieren. Nämlich die Dimensionen sind notwendig Akzidenzen, die zur Kategorie der Quantität gehören. Aber in dem alten System und in den früheren Religionen wird gesagt, dass dieser Ort die Wohnung der geistigen Wesen sei (sie meinen damit Gott und die Engel); dieser Ort ist kein Raum, und keine Zeit umfasst ihn. Alles, was Raum und Zeit umfasst, ist dem Verderben unterworfen, und es ist notwendig, dass das, was dort ist, keinem Verderben unterworfen und nicht geworden ist[73]."

Eine erstaunliche Parallele zu diesen Ausführungen von Averroes treffen wir in der Auslegung der Sure 7, 54, 52 von Kasani: „Wenn man die Himmel und die Erde nach dem äusseren Sinn (des Textes) nimmt, dann sind die sechs Tage die sechs Dimensionen (der Körperwelt). Man kann nämlich Geschehnisse durch (die Angabe von) Tage(n) zum Ausdruck bringen. So sagt Gott: Und mahne sie an die Tage Gottes! (Sure 14, 5), womit gemeint ist: (Und mahne sie) an die Schöpfung der Welt der Körper in den sechs Dimensionen! Darauf bemächtigte er sich des Thrones fest, indem er dadurch auf diesen einwirkte, dass er ihm die Formen der entstehenden Dinge einprägte. Der Thron hat einen äusseren und einen inneren Sinn. Dem äusseren Sinne nach ist er die neunte Himmelssphäre, in welche alle Formen der entstehenden Dinge eingezeichnet sind. Ihr Sein oder Nichtsein hängt davon ab, ob sie in ihr ausgelöscht oder eingetragen sind ... Dem inneren Sinne nach ist der Thron die Urvernunft (aql auwal), in die

die Formen der Dinge als Universalia eingezeichnet sind ... Dies ist der Ort der ewigen Determination ...[74]"

Hier möchte ich noch einmal in Erinnerung rufen, dass die Kaaba von den islamisierten Arabern zu einem Würfel umgebaut wurde. Die Vorstellung des vom göttlichen Thron eingefassten Weltalls als eines „sechsdimensionalen" Gebildes, also als Würfel oder Quader, scheint mir eine bemerkenswerte Entsprechung darzustellen.

Die Vertauschbarkeit der Richtungen findet in der Form des Würfels ihre vollendete Ausdrucksform. Ich möchte hier an zwei weitere Beispiele erinnern, wo die Vorstellung von *Gleichwertigkeit* der Dimensionen — Unten und Oben, Horizontale und Vertikale — eindeutig in Erscheinung tritt: Das Portalmotiv als Iwan, Tor, Michrab der Moschee einerseits und als Grundmotiv des Gebetsteppichs anderseits. Die identische Gestaltung von Basis und Kapitell an den Ecksäulen der osmanischen Moscheeportale.

Allah, wie ihn Mohammed im Koran darstellt, will nicht nur geliebt oder gefürchtet, sondern in erster Linie begriffen werden. Seine Existenz wird denen, die „Verstand haben" und „reflektieren können" durch die Schöpfung, „die wunderbare Hervorbringung", offenbart: „Haben sie nicht nachgedacht über die Pracht des Himmels und der Erde und was Gott an Dingen erschaffen hat" (Sure 7, 184). Gnade wird dem Menschen nicht geschenkt, sie wird durch Erkennen der „Göttlichen Zeichen" erworben.

Titus Burckhardt, einer der besten Kenner der islamischen Mystik, unterscheidet diese philosophisch reflektierende Haltung von dem Mystischen wie folgt: „Im Gegensatze zur Philosophie, die immer gedanklich vorangeht, auch dann, wenn sie methaphysische Wahrheiten berührt, hat die Mystik die Gewissheit des Unbedingten und Unendlichen zum Ausgangspunkt. Diese Gewissheit aber ist nicht auf der gedanklichen Ebene, sondern im reinen Geiste oder, sufisch gesprochen, im innersten Herzen, der Wesensmitte des Menschen, zu finden. Dort ist sie verborgen oder offenbar, je nachdem ob der Traum des gewöhnlichen Ichbewusstseins sie verhüllt oder die zeitlose Erinnerung (dhikr), die anamnesis im platonischen Sinne des Wortes, sie gegenwärtig macht.

In diesem Sinne lässt Abu-l-Abbas Ibn al-Arif Gott selber sprechen: ‚Die (innere) Erkenntnis ist mein königlicher Weg, das (gedankliche) Wissen aber nur ein Hinweis auf mich. Der Wissende schliesst auf mich hin, der Erkennende aber folgert von mir aus; jener ist wissend im Hinblick auf mich, diese durch mich'[75]!"

Ibn Ruschd (Averroes), der grosse Gegner[76] der mystischen Weltinterpretation, schreibt hingegen:

„Wenn man den Koran genau examiniert, so findet man, dass die Methode, auf welche das offenbarte Buch aufmerksam macht ... in zwei Gattungen zusammengefasst ist: 1. die Methode der Einsichtnahme von der Fürsorge für den Menschen und dass alle existierenden Wesen seinetwegen geschaffen sind ... 2. die andere Methode beschäftigt sich mit der wundervollen Hervorbringung der Wesenheiten der existierenden Dinge, wie die Hervorbringung des Lebens (organischen) aus dem Unorganischen, der Sinneswahrnehmungen und des Verstandes, wir wollen dieses den Beweis der wundervollen Hervorbringungen nennen. ... Dazu gehört, die Existenz des ganzen Tiergeschlechtes, der Pflanzen und der Himmel. ... Daher ist es für den, der nach der wahren Erkenntnis Gottes strebt, notwendig, die Wesenheiten der Dinge zu kennen, damit er von der wirklichen wundervollen Hervorbringung bei allen existierenden Wesen Einsicht erlange; denn wer nicht das eigentliche Wesen der Dinge erkennt, erkennt nicht das eigentliche Wesen der wundervollen Hervorbringung ...[77]."

Nach Auslegung des Korans, wie die Philosophen es verstehen, ist der Erkennende der „Wissende" (Sure 29, 42/43; 2, 44). Der Sinn der Schöpfung, der Sinn aller Naturereignisse, wird im Koran als „Göttliches Zeichen" definiert[78]. Ibn Ruschd braucht dafür auch häufig die Begriffe: „Demonstration" oder „Manifestation"[79].

Die sinnliche Welt ist so nach dem Wortlaut des Korans das „Zeichen" der Urvernunft (Aql Awal), die der Mensch einzig durch sein Denkvermögen ergründen kann. So ist die Welt der sichtbaren Erscheinungen, das heisst der sinnlichen Wahrnehmung, weder eine Spiegelung noch ein Schattenbild gemessen an einer Wahren — oder Höheren Welt. Der Weg zu Gott (zum Sein) hat seinen Ausgangspunkt in der Welt (im Seienden), die voll von „Zeichen" ist. Hier, in der Interpretation der sinnlichen Welt als „Manifestation", lässt sich die *a-idealistische und antimetaphysische* Grundhaltung der Koranlehre erkennen, die ich im Vorangehenden als Nichtexistieren einer Dualität von Sein und Schein, von Geist und Materie angedeutet habe.

Der Hang aller islamischen Völker zum Gleichnis — in Dichtung, in den Märchen usf. — könnte auf die Deutung der Erfahrungswelt als Ort Göttlicher Zeichen[80] zurückgeführt werden. Auch die drei so unterschiedlichen Erscheinungsformen des Moscheenraumes mit ihren richtungsfreien, aber doch streng geometrisch geordneten Gestalten wären so gesehen als architektonische „Systeme" zu verstehen, in denen die islamische Vorstellung vom „Weltgebäude" sich gleichnishaft manifestiert.

Anhang

Anmerkungen

Alle Koranzitate stammen aus: „Der Koran", Übersetzung von Rudi Paret, Stuttgart 1962.

1 Wilhelm von Humboldt, „Sprachbau und Entwicklung des Menschengeschlechtes", Werke in 5 Bänden, Stuttgart 1963, Band 3, S. 448.

2 Al-Baladhuri, „Kitabi Futuch", ins Englische übertragen von Francis Clark Murgotten, New York 1924, S. 435/36.
Auch in den „Annalen von at-Tabari" ist die folgende Beschreibung zu lesen, die sehr wahrscheinlich auf den Bericht von al-Baladhuri zurückgeht: „Sie (= die Moschee) wurde errichtet am Orte der Seifenhändler und der Dattelhändler am Markte. Sie steckten ihn (= den Platz) ab. Dann stellte sich ein Mann, der im Pfeilschiessen stark war, in seiner Mitte auf und schoss nach rechts, und der wollte, dass gebaut wurde, befahl zu bauen hinter dem Punkte, wo dieser Pfeil fiel. Und er schoss nach vorne und nach hinten, und der, der wollte, dass es gebaut wurde, befahl, man solle hinter der Stelle bauen, wo die beiden Pfeile gefallen waren. Dann setzte man die Moschee auf ein Viereck, dessen Höhe (= die vierte Seite) der der übrigen Seiten entsprach, und baute ein Schattendach, das keine Seitenflügel und keine Hintergebäude hatte ..." „Les Annales", ed. de Goeje, S. 2488/89. Diese Übersetzung verdanke ich Professor Dr. L. Forrer, Zürich.

3 At-Tabari, a. a. O., S. 211.

4 At-Tabari, a. a. O., S. 2489.

5 Ernst Diez und Heinrich Glück, „Propyläen-Kunstgeschichte": „Die Kunst des Islams", Berlin 1925, S. 25.

6 Sehr wahrscheinlich ist die Zisterne von Ramla der früheste durchgehend gewölbte Bau in der islamischen Baugeschichte. Es ist ein wuchtiger Steinbau mit quadratischen, tonnengewölbten Jochen (ca. 4 x 4 m). Vgl. Creswell, „Early Muslim Architecture", S. 228—230.

7 Ernst Diez, „Handbuch der Kunstwissenschaft": „Die Kunst der islamischen Völker", Berlin 1915, S. 9.

8 K. A. C. Creswell, „Early Muslim Architecture", Harmondsworth 1958, S. 16.

9 Wilhelm Deichmann, „Frühchristliche Kirchen in Rom", Basel 1948, S. 9.

10 A. a. O., S. 10.

11 A. a. O., S. 14.

12 K. A. C. Creswell gibt in seinem Buch „Early Muslim Architecture" eine sehr genaue und übersichtliche Zusammenfassung der verschiedenen, einander widersprechenden Meinungen über

die Entstehungs- und Baugeschichte der Omaijadenmoschee (S. 60—62). Vgl. auch Lucien Golvin, „Essai sur l'architecture musulmane", Bd. 1, Paris 1974.

13 A. a. O., S. 158.

14 W. Deichmann, a. a. O., S. 14—16.

15 Lothar Kitschelt, „Die frühchristliche Basilika als Darstellung des himmlischen Jerusalem", München 1938.

16 Hans Sedlmayr, „Die Entstehung der Kathedrale", Zürich 1950.

17 H. Pirenne, „Geburt des Abendlandes", Nijmegen 1938, S. 143, ins Deutsche übertragen von P. E. Hübinger.

18 Ibn Chaldun, „Ausgewählte Abschnitte aus der Mukaddima" (Prolegomena). Aus dem Arabischen ins Deutsche übertragen und kommentiert von Annemarie Schimmel, S. 90.

19 W. Deichmann, a. a. O., S. 17—18.

20 Musalla: Ursprünglich eine im Freien aufgestellte Michrabwand — meistens an den Karawanenstrassen —, die den Reisenden die Orientierung nach Mekka ermöglichte. Später, an den grossen Karawanenstrassen von Afghanistan und Turkestan, bekamen die Musallas monumentale Dimensionen. Sie hatten oft die Form der hohen Eingangsiwane (vgl. Tafel 8).

21 Al-Baladhuri, a. a. O., S. 347/48.

22 „Philosophie und Theologie von Averroes", aus dem Arabischen übertragen von Marcus J. Müller, München 1875, S. 77.
Vgl. dazu die Auslegungen vom arabischen Theologen az-Zamachschari (1144 gestorben) der Sure 79, 30 in „Koran und Koranexegese" von Helmut Gätje, Zürich 1971, S. 203/04: „Ausgebreitet hat er die Erde erst nach der Erschaffung des Himmels, sagt doch Gott: ‚Und er breitete danach (d. h. nach der Formung des Himmels) die Erde aus.' Es ist also gemeint: Kommt her in der Gestalt und Beschaffenheit, in der ihr herzukommen habt. Erde, komm ausgebreitet als Ruhestätte und Wohnplatz deiner Bewohner! Himmel, komm gewölbt als ein Dach für sie! Mit dem Herkommen ist gemeint, dass etwas entsteht und sich einstellt, so wie man sagt: ‚Sein Werk ist in befriedigender und willkommener Weise (zustande)gekommen.' "

23 Farududdin Muhammet Attar (gestorben 1220?), „Das Meer der Seele". Ins Deutsche übertragen und kommentiert von Helmut Ritter, Leiden 1955, S. 523.
Vgl. dazu den Kommentar von al-Baidawi (gestorben 1286) zu Sure 2, 142/43, 136—138. Helmut Gätje, a. a. O., S. 178/79: „Was hat sie von der Gebetsrichtung, die sie (bisher) eingehalten hatten, abgebracht? Gemeint ist die Gebetsrichtung nach Jerusalem (Bait al-muqaddas). (Das Wort) Kibla bezeichnet ursprünglich die Stellung (Hala), die der Mensch einnimmt, wenn er (einer Sache) entgegensieht (Istaqbala). Es wurde dann zu einer gebräuchlichen Bezeichnung für den Ort, dem man sich beim Gebet zuwendet.
Sag: ‚Gott gehört der Osten und der Westen': kein Ort ist seinem Wesen nach so beschaffen, dass er Gott vor einem anderen Ort besonders zugehörte und nicht gegen einen solchen austauschbar wäre. Es geht hier darum, Gottes Herrschaft (Amr) (über alle Orte der Welt) darzustellen, und nicht um die Bestimmung eines besonderen Ortes."

24 Riwaks = arabisches Wort für Arkaden.

25 André Godard, „L'art de l'Iran", Paris 1962, S. 311.

26 Ernst Diez, „Handbuch der Kunstwissenschaft", Bd. V: „Die Kunst der islamischen Völker", Berlin 1915, A. Godard, a. a. O.

27 Vgl. Anmerkung 20.

28 Maxime Siroux, der hervorragende Kenner der persischen Architektur und Verfasser des Buches „Caravansérail d'Iran" datiert die ältesten Karawansereien mit Vier-Iwan-Hof auf Ende des 10. Jahrhunderts (S. 45—50). Die Arbeit von Siroux erschien in Kairo als 81. Band der Publikationsreihe des französischen archäologischen Institutes.

29 A. U. Pope, „Persian Architecture", London 1965, S. 77.

30 Ernst Diez und Heinrich Glück, „Propyläen-Kunstgeschichte": „Die Kunst des Islams", Berlin 1925, S. 54.

31 Alessandro Bausani, „Die Perser", aus dem Italienischen ins Deutsche übertragen von Barbara von Palombini, Stuttgart 1965, S. 67—69.

32 Piet Mondrian, „Natürliche und abstrakte Realität", ein Aufsatz in Dialogform 1919/20, Zürich/Köln 1957. Ins Deutsche übertragen von Heinz Klaus Metzger, S. 306.

33 A. U. Pope, a. a. O., S. 56.

34 Vgl. Lothar Kitschelt, a. a. O., S. 52.

35 Lothar Kitschelt, a. a. O., S. 52.

36 Vgl. A. U. Pope, „Persian Architecture", S. 106/07, und A. Godard, „L'art de l'Iran", S. 341.

37 Piet Mondrian, a. a. O., S. 306.

38 Al-Baladhuri, „Kitabi Futuch", S. 62. Vers von Harithah Ibn Badr al-Ghudri oder von al-Basit.

39 Verschiedene Faktoren mögen im damaligen Syrien zu der für die Vorstellung des Islams ungewohnten Pracht und Grösse der Omaijadenmoschee geführt haben: Die Konkurrenz mit den vorgefundenen christlichen Bauten, vielleicht auch das neue Selbstbewusstsein einer jungen Dynastie, die sich als Herrscher der ganzen islamischen Welt empfand. Auch nicht zu unterschätzen ist sicher die Tatsache, dass in Damaskus einheimische, das heisst christliche Architekten und Handwerker für den Bau dieses gewaltigen Werkes beigezogen wurden.

40 Roland Barthes, „Mythen des Alltags", ins Deutsche übertragen von H. Scheffel, Frankfurt am Main 1964, S. 117.

41 Rudi Paret, „Textbelege zum islamischen Bilderverbot", in „Werk des Künstlers", Festschrift für Hubert Schrade, Stuttgart 1960, S. 36—48.

42 Rudi Paret, „Symbolik des Islams", Stuttgart 1958, S. 12.

43 Vgl. den Kommentar von Zamachschari der Sure 41, 10/11 in „Koran und Koranexegese", S. 102 (Helmut Gätje).

44 Zitiert nach Helmut Gätje, a. a. O., S. 203/04.

45 Die Beschreibung vom Paradies als Ort, „in dessen Niederungen kühle Bäche fliessen" und „schattenspendende Obstbäume wachsen", kommt im Koran unzählige Male vor.

46 Dogan Kuban, „Anadolu Türk Mimarisinin Kaynak ve Sorulari", Istanbul 1965, S. 81.

47 Spezialliteratur über kleinasiatische Architektur von 1100 bis 1350, siehe Literaturverzeichnis.

48 „Türkische Dreiecke", auch „Faltwerk" oder „Faltentambour" genannt. Diese spezielle Lösung des Kuppelüberganges tritt zum erstenmal in den seldschukischen Bauten Kleinasiens in Erscheinung. Im Gegensatz zu den üblichen Übergangslösungen mit Trompen oder Pendentifs, die aus gewölbten Flächen bestehen, wird hier der Übergang vom Quadrat zum Kreis aus einer Folge von gefalteten, dreieckförmigen Flächen gebildet. Ernst Diez führt ihre Herkunft auf die altindischen Holzdeckenkonstruktionen zurück („Die Kunst der islamischen Völker", S. 130).

49 A. Gabriel, „Monuments turcs d'Anatolie", Paris 1934; Ernst Diez, „Die Kunst der islamischen Völker", Berlin 1915, u. a.

50 Dogan Kuban, a. a. O., S. 121/22.

51 Grundrisse, Aufrisse und Dokumentationen zu den erwähnten Kirchen Armeniens in: „Documenti die architettura Armena", Heft 1, Haghbat, Mailand 1970; „Architectural Monuments in the Soviet Republic of Armenia", Leningrad; „Les monuments arméniens du IVe au XVIIe siècle", von E. Utudjian, Paris 1967.

52 Abdullah Kuran, „Ilk Devir Osmanli Mimarisinde Cami", Ankara 1964.

53 Vgl. E. Diez, a. a. O., S. 130, und E. Reuther, den Artikel über die türkische Baukunst in „Wasmuths Lexikon der Baukunst".

54 Die anatolischen Vier-Iwan-Medresen sind die folgenden: Die Gök-Medrese in Siwas, Tschifte-Minare in Erzerum und die Sultan-Mechmed-Medrese in Merzifon. Die seitlichen Iwane dieser Medresen unterscheiden sich von dem Hauptiwan nicht nur durch ihre kleineren Abmessungen. Sie kommen als Iwane kaum zur Geltung, da die Höfe dieser Medresen an der Eingangsseite und an den beiden Seiten von Arkadengängen umgeben sind.

55 G. A. Pugatschenkova, „Puti razvitia arkhitekturi uuznogo Turkmenistana pori rabovladeniya i feodalizma", Moskau 1958.

56 Der Rekonstruktionsversuch von Creswell zeigt unwahrscheinlich grosse Dimensionen.

57 Abdullah Kuran, a. a. O., S. 88/89.

58 Ulya Vogt-Göknil, „Die Osmanische Türkei", in der Reihe „Architektur der Welt", Fribourg 1965.

59 Vgl. E. Diez, a. a. O., S. 127.

60 Godfrey Goodwin, „A History of Ottoman Architecture", London 1971.

61 Vgl. U. Vogt-Göknil, a. a. O., S. 94.

62 Genaue Beschreibung vgl. U. Vogt-Göknil, a. a. O., S. 96.

63 Vgl. L. B. Mayer, „Islamic Architects and Their Work", Genf 1956.

64 Roland Barthes, „Mythen des Alltags", S. 89.

65 Maxime Rodinson, „L'Islam et le capitalisme", Paris 1971. Deutsche Übertragung von Renate Schubert, Frankfurt am Main, S. 115.

66 Ibn Ruschd (Averroes) schreibt in der Einleitung seiner Abhandlung „Harmonie der Religion und der Philosophie": „Dass das religiöse Gesetz die Menschen auffordert, über die existierenden

Dinge durch den Verstand zu reflektieren und durch ihn nach der Erkenntnis derselben eifrigst zu streben, geht aus mehr als einer Stelle des gesegneten Korans hervor", und er weist auf die Suren 58, 3; 6, 184; 88, 17 und 3, 188 hin. A. a. O., S. 1.

67 Am stärksten ist diese von Platon — und Plotin — beeinflusste Weltinterpretation bei Fariduddin Muhammet Attar ausgeprägt: „Das Sein aller dinge ist der schatten Deiner majestät, alle dinge sind spuren Deiner schöpfermacht!"
Und an anderer Stelle: „So hält auch der unwissende mensch den widerschein des Seins für das wahre Sein. Dein Sein ist der spiegel, doch der ist verborgen; das Nichtsein ist für den spiegel der haltende rahmen. Alle bilder, die in diesem spiegel erscheinen, sind nur widerschein und einbildung ... Du glaubst, dass die stimme und alle dinge von jenem widerschein kommen; denn du weisst nur von dem widerschein ... Wenn das Sein einen augenblick selbst offenbar würde, so würden beide welten zusammenstürzen. Das Sein ist wie feuer, die welt wie gekrempelte wolle; feuer und wolle bleiben nicht friedlich beisammen. Die welt und alles, was in beiden welten ist, ist wie ein widerschein, du aber glaubst das gegenteil. Wenn etwas anderes als der blosse widerschein auf dich fiele, so würde feuer auf dich fallen wie auf jenen Hallac."
Zitiert nach Helmut Ritter, „Das Meer der Seele", S. 607/08.
Selbst al-Ghazali (1058—1112), einem der radikalsten Weltverneiner und Asketen der islamischen Mystik, erscheint die sinnliche Welt als einer der möglichen Wege zur Gotteserkenntnis. Einerseits heisst es, dass alles Seiende ein Abglanz des Wahren Seins sei: „... dass alles von ihm und durch ihn ist, ja, dass er selber alles ist. Denn nichts ausser ihm hat wirkliches Sein, sondern das Sein aller Dinge ist nur der Abglanz von dem Lichte seines Seins." An einer anderen Stelle schreibt er jedoch: „Das Herz ist geschaffen für die jenseitige Welt, und seine Aufgabe ist das Suchen seiner Glückseligkeit. Seine Glückseligkeit aber besteht in der Erkenntnis Gottes. Die Erkenntnis Gottes erlangt das Herz durch die Erkenntnis der Werke Gottes."
Zitiert nach Helmut Ritter: „Al-Ghazali, das Elixir der Glückseligkeit", Jena 1923, S. 15 und S. 27.
Die dualistische Weltanschauung von Attar und al-Ghazali findet im Rahmen der Mystik, in der pantheistischen Weltinterpretation von Muhjiddin Ibn Arabi (1164—1240) einen Gegenpol: „Und wenn Gott nicht die existierenden Dinge durchdränge und in ihnen in der Erscheinungsform sich offenbarte, so besässe die Welt kein Dasein." „Gott ist also dein Spiegel, wenn du dein eigenes Selbst schaust, und du bist sein Spiegel, wenn er seine Namen schaut und deren Bestimmungen sichtbar werden. Dieser Spiegel aber ist nichts anderes als sein Wesen selbst." „Von den Formen der Welt aber kann der Gott niemals verschwinden. Der Begriff (die Definition) der Göttlichkeit kommt ihr (der Welt) realiter, nicht bloss metaphorice zu ..." „Es muss also eine Zahl und ein Gezähltes vorhanden sein, es muss aber auch ein Einziges vorhanden sein, das diese Zahl und dieses Gezählte hervorbringt und das durch sie in Erscheinung tritt ..." „Manche Philosophen aber auch al-Ghazali haben die Behauptung aufgestellt, dass man Gott ohne Rücksicht auf die Welt erkennen könne; das ist aber ein Irrtum. ... Man kann nicht erkennen, dass es ein Gott (Ilah) ist, bis dass man das Korrelat dazu (Mahluk) — arabisch = Geschöpf — erkannt hat; denn dieses Korrelat stellt den Beweis für ihn (Gott) dar."
Muhjiddin Ibn Arabi, „Fusus Al-Hikam" („Das Buch der Siegelringsteine"), ins Deutsche übertragen von Hans Kofler, Graz 1970, S. 9; S. 14; S. 21; S. 29; S. 33.

68 Die Auswirkung dieser mystischen Weltinterpretationen auf die figurative Kunst der Islamvölker hat M. S. Ipsiroglu in seinem Buch „Das Bild im Islam" hervorragend dargestellt. „Das Bild im Islam, ein Verbot und seine Folgen", Wien und München 1971.

69 Maxime Rodinson, a. a. O., S. 115—120. Rodinson bemerkt, dass das Verb „aqala" (die Gedanken zusammenfügen, vernünftig urteilen, verstehen usw.) im Koran etwa fünfzigmal wiederkehrt.

70 Edgar Knobloch, „Beyond the Oxus, Archeology, Art and Architecture of Central Asia", London 1972.

71 Edgar Knobloch, a. a. O., S. 49/50.

72 Der unabänderliche Rhythmus und die Gesetzmässigkeit der Naturereignisse werden im Koran

als das wunderbare Zeichen der göttlichen Macht dargestellt. Sure 2, 164; 3, 190; 10, 5/6. In der letzteren Sure heisst es: „Er ist es, der die Sonne zur Helligkeit (am Tag) und den Mond zum Licht (bei Nacht) gemacht und Stationen für ihn bestimmt hat, damit ihr über die Zahl der Jahre und die Berechnung (der Zeit) Bescheid wisst ...".

73 Ibn Ruschd (Averroes), „Philosophie und Theologie", S. 63/64.

74 Zitiert nach Helmut Gätje, a. a. O., S. 306/07.

75 Titus Burckhardt, „Die Maurische Kultur in Spanien", München 1970, S. 160.

76 Ibn Ruschds Streitschrift gegen al-Ghazali: „Destructio destructionis". Deutsche Übertragung von Horten, 1913.

77 Ibn Ruschd (Averroes), a. a. O., S. 40/41.

78 In Sure 2, 41/71/99/118/164; 3, 190/199; 10, 5/6.

79 Ibn Ruschd (Averroes), a. a. O., S. 43.

80 In der Sure 2, 99 definiert sich der Koran durch die Worte Gottes selbst als Zeichen: „Und wir haben doch (im Koran) klare Zeichen zu dir herabgesandt." Und in der Sure 3, 28: „So setzten wir die Zeichen (Verse) auseinander für Leute, die Verstand haben." Weil Gott selbst sein Wort als Zeichen verstanden haben will, ist im Islam eine so weit gefächerte Koranexegese möglich geworden

Zeittafel

Die wichtigsten Ereignisse in der islamischen Welt

570	Mohammeds Geburt in Mekka
622	Hedschra, Mohammeds Emigration nach Medina
630	Eroberung von Mekka
632	Tod von Mohammed
633	Eroberung von Südmesopotamien
635	Eroberung von Damaskus
639—642	Eroberung von Ägypten
640—642	Eroberung von Persien
642	Schlacht von Nihawand
661—750	Kalifat der Omaijadendynastie
670	Eroberung von Nordafrika, Gründung von Kairuan
674—678	Belagerung von Konstantinopel
680	Tod von Hussain bei Kerbela
711	Araber erobern Spanien
712	Die Ghuzzen, Vorfahren der Seldschuken, dringen nach Samarkand
732	Schlacht zwischen Tours und Poitiers (Karl Martell)
749—1258	Kalifat der Abbasidendynastie
762	Gründung von Bagdad
786—809	Harun ar-Raschid
833	Türkische Garde in Bagdad
836	Gründung der Residenz Samarra
868—883	Tulunidendynastie in Ägypten
909	Gründung des Fatimidenkalifats in Nordafrika
920—960	Bekehrung der Seldschuken zum Islam
973—1071	Fatimidenkalifen in Ägypten
998—1030	Machmud von Ghazna
1040	Die Seldschuken besiegen die Ghaznawiden
1043	Merw wird Hauptstadt der Seldschuken
1058	Der Seldschukensultan Tugrul wird vom Kalifen zum Herrscher des Grossseldschukenreiches gekrönt
1070—1092	Seldschukensultan Malik Schach und sein Grossvater Nizam el-Mulk
1071	Schlacht bei Malazghirt, die Seldschuken dringen in Kleinasien ein
1077—1307	Das Reich der Rum(West)-Seldschuken in Kleinasien
1078	Nicaea wird erste seldschukische Hauptstadt
1095	Ausrufung des I. Kreuzzuges
1134	Konya wird Hauptstadt des westseldschukischen Reiches
1146	Ausrufung des II. Kreuzzuges
1176	Schlacht von Myrickphalon, Vernichtung des byzantinischen Heeres durch die Seldschuken
1169—1193	Aijubidendynastie in Ägypten

1236	Einnahme von Bursa, das neue Hauptstadt der Osmanen wird
1243	Schlacht von Kösedag: Die Mongolen unterwerfen die Westseldschuken
1258	Die Mongolen erobern Bagdad
1258—1290	Nach der Niederlage der Seldschuken machen sich verschiedene Fürstentümer selbständig; darunter auch die Osmanen
1299	Gründung des Osmanischen Fürstentums in Bithynien
1354	Erster Übergang der Türken nach Europa (über die Dardanellen)
1402	Schlacht bei Ankara zwischen Bayazid I. und Timurlenk
1403	Mongolische Herrschaft über Kleinasien; Tod Bayazids I. in der mongolischen Gefangenschaft
1403	Machtkämpfe zwischen den vier Söhnen Bayazids I. dauern bis 1413
1413	Sieg Mechmeds I. über seine Brüder
1451	Thronbesteigung Mechmeds II.
1453	Eroberung von Konstantinopel
1481	Tod von Mechmed II.
1514	Schlacht von Caldiran, osmanischer Sieg über die Perser (Safawiden)
1516—1517	Osmanen erobern Ägypten
1520	Thronbesteigung von Süleyman I.
1521	Einnahme von Belgrad
1529	Erste Belagerung von Wien
1566	Tod von Süleyman I.
1683	Zweite Belagerung von Wien
1699	Rückzug der Osmanen aus Ungarn, Dalmatien und Kroatien

Personenregister

Ortsregister

Bautenregister

Glossarium

Dewschirme	Junge Leute christlicher Herkunft, die vom osmanischen Hof eingezogen wurden, um als Janitscharen ausgebildet zu werden.
Guldaste	Kleiner Holzpavillon mit einem Zeltdach, meistens auf einem der seitlichen Iwane. Von hier aus wurden Erlasse bekanntgegeben.
Haram	Die Bethalle der Moschee.
Hedschra	Beginn der islamischen Zeitrechnung. Sie wird von der Flucht Mohammeds nach Medina (16. Juli 622) an datiert.
Iwan	Dreiseitig umwandete Räume, deren vierte Seite als ein riesiges Portal gestaltet wird. Iwane sind typisch für Persien und dienen verschiedenen Zwecken: In den Moscheen als Tore zu den Gebetshallen; in den Medresen als Hörsäle für die Studenten und in den Karawansereien als Aufenthaltsräume.
Kaaba	Würfelförmiger Bau in Mekka. Er wurde von Mohammed als Markstein der islamischen Gebetsrichtung bestimmt.
Kibla	Bezeichnung für die Gebetsrichtung nach Mekka. Die Kiblawand der Bethalle steht senkrecht zur Gebetsrichtung.
Külliye	Komplex von gemeinnützigen Gebäuden, die die osmanischen Kuppelmoscheen umgeben.
Medrese	Die Urform des islamischen Hochschulen für Religions-, Rechts- und Medizinwissenschaften. Nach dem 18. Jahrhundert erstarrten die Medresen zu reinen theologischen Schulen orthodoxer Richtung.
Michrab	Gebetsnische in der Mitte der Kiblawand.
Minbar	Kanzel.
Musalla	Gebetsorte im Freien. Die Gebetsrichtung Kibla wird durch einen Stein oder einen Iwan markiert.
Türbe	Die türkische Bezeichnung für das Grabmal.

Ausgewählte Literatur

Allgemeines

Diez, E.	Die Kunst der islamischen Völker, Berlin 1913
Diez, E. / Glück, H.	Die Kunst des Islams, Propyläen-Kunstgeschichte, Bd. V, Berlin 1925
Grabar, O.	The Formation of Islamic Art, New Haven 1973
Grabar, O. / Hill, D.	Islamic Architecture and its Decoration, London 1964
Hill, D. / Golvin, L.	Islamic Architecture in North Africa, London 1976
Kühnel, E.	Die Moschee, Berlin 1949
Kühnel, E.	Die Kunst des Islams, Stuttgart 1962
Marçais, G.	L'Art Musulman, Paris 1962
Mayer, L. A.	Islamic Architects and their Works, Genf 1956
Otto-Dorn, K.	Die Kunst des Islams, Baden-Baden 1964
Pinder-Wilson, R.	Islamic Art, London 1957
Sourdel-Thomine, J. / Spuler, B.	Die Kunst des Islams, Propyläen-Kunstgeschichte, Berlin 1973
Survey of Persian Art,	herausgegeben von A. U. Pope und Ph. Ackerman, London 1938

Arabische Architektur

Brandenburg, D.	Islamische Baukunst in Ägypten, Berlin 1966
Bourouiba, R.	L'Art religieux Musulman en Algérie, Algier 1973
Creswell, K. A. C.	Early Muslim Architecture, Oxford 1932—1940
Creswell, K. A. C.	Muslim Architecture in Egypt, Oxford 1952
Davis, R. H.	The Mosques of Caire, Kairo 1944
Ewert, Ch.	Spanisch-Islamische Systeme sich kreuzender Bogen, Berlin 1968
Fattal, A.	Ibn Tulun's Mosque in Cairo, Beirut 1960
Golvin, L.	Essai sur l'architecture religieuse Musulman. Bd. I, II, III, Paris 1970—1974
Grabar, O.	La Mosquée Omayade de Damas, Paris 1968
Grabar, O.	The Case of the Mosque, Berkeley 1969
Hamilton, R. W.	The Structural History of the Aqsa Mosque, Oxford 1949
Hautecœur, L. / Wiet, G.	Les mosquées du Caire, Paris 1932
Lézine, A.	Architecture de l'Ifriqiya, Paris 1966
Marçais, G.	L'Architecture musulmane d'Occident, Paris 1954
Sebag, P.	Kairouan, Paris 1963

Persische Architektur

Brandenburg, D.	Turkestan, Berlin 1973
Godard, A.	L'Art de l'Iran, Paris 1962

Godard, A.	Les anciennes mosquées de l'Iran, in „Athar-i-Iran", 1936
Godard, A.	Voûtes iraniennes, in „Athar-i-Iran", 1949
Pope, A. U.	Persian Architecture, London 1965
Siroux, M.	Caravansérails d'Iran, Kairo 1949

Kleinasien

Arseven, C. E.	L'Art turc, Istanbul 1939
Aslanapa, O.	Edirnede Osmanli Devri Abideleri, Istanbul 1949
Ayverdi, E. H.	Osmanli mimarisinin ilk devri, Istanbul 1966
Bachmann, W.	Kirchen und Moscheen in Armenien und Kurdistan, Leipzig 1913
Egli, E.	Sinan, der Baumeister osmanischer Glanzzeit, Zürich 1954
Gabriel, A.	Brousse, une capitale turque, Paris 1959
Gabriel, A.	Monuments turcs d'Anatolie, Paris 1931—1934
Gabriel, A.	Voyages archéologiques dans la Turquie orientale, Paris 1940
Glück, H.	Die Kunst der Osmanen, Leipzig 1922
Goodwin, G.	A History of Ottoman Architecture, London 1971
Gurlitt, C.	Baukunst Konstantinopels, Berlin 1912
Kuban, D.	Anadolu Mimarisinin Kaynak ve sorulari, Istanbul 1965
Kuban, D.	The Mosque and Hospital at Divrigi, in „Anatolica", Leiden 1968
Kuran, A.	Ilk Devir Osmanli Mimarisinde Cami, Ankara 1964
Ögel, S.	Der Kuppelraum in der türkischen Architektur, Istanbul 1972
Otto-Dorn, K.	Islamisch Iznik, Istanbul 1941
Riefstahl, R. M.	Turkish Architecture in South-Western Anatolia, Harvard 1931
Talbot-Rice, T.	The Seljuks, London 1966
Ünal, H. R.	Les Monuments islamiques anciens de la ville d'Erzurum, Paris 1968
Ünsal, B.	Turkish Islamic Architecture, London 1959
Vogt-Göknil, U.	Türkische Moscheen, Zürich 1953
Vogt-Göknil, U.	Osmanische Türkei, Fribourg 1965
Wilde, H.	Brussa, Berlin 1909

Photographenverzeichnis

Georg Gerster	8, 9, 12, 29, 32
A. F. Kersting	22
Henri Stierlin	Umschlagbild, 31, 38/39, 42, 53, 54, 59, 65, 68, 71, 72, 73, 74, 75, 77, 80, 81, 83
Eduard Widmer	88, 91, 94, 95, 96, 97, 99, 100, 103, 104, 105, 113, 114, 115, 117, 118, 119, 122, 123, 126, 127, 129, 133, 134, 135, 136, 139, 140, 143, 145, 146, 148, 149, 153, 158, 159, 160, 161, 163